FROUKJE WATTEL

HUISMUSEA VAN

AMSTERDAM

VISITING HISTORIC HOUSES

WAANDERS UITGEVERS
ZWOLLE

INHOUD

Mijn historische sensatie 9
FROUKJE WATTEL

Historische inspiratie in de burgemeesterswoning 13
FEMKE HALSEMA

WONEN AAN DE GRACHT

Het Grachten Museum 19

Museum Van Loon 33

Huis Van Brienen 47

Museum Willet-Holthuysen 59

Huis Bartolotti 75

Kattenkabinet 87

Verborgen black heritage 97

SCHUILKERKEN EN POPPENHUIZEN

Museum Ons' Lieve Heer op Solder 103

Poppenhuizen 119

CONTENTS

My 'historical sensation' 9
FROUKJE WATTEL

Historical inspiration in the mayor's residence 13
FEMKE HALSEMA

LIVING ON THE CANAL

Museum of the Canals (Het Grachten Museum) 19

Museum Van Loon 33

Van Brienen House 47

Museum Willet-Holthuysen 59

Bartolotti House 75

The Cat Cabinet (Kattenkabinet) 87

A Hidden Black Heritage 97

CLANDESTINE CHURCHES AND DOLLS' HOUSES

Museum Ons' Lieve Heer op Solder 103

Dolls' Houses 119

KUNSTENAARS EN ONDERDUIKERS

Museum Het Rembrandthuis 133

Multatuli Huis 151

Theo Thijssen Museum 163

Het Witsenhuis 173

Atelier Volten 187

Anne Frank Huis 201

Het huis van Gisèle 217

Harry Mulisch Huis 231

DE GEWONE AMSTERDAMMER

Het Kleine Weeshuis 239

Amsterdamse School Museum The Ship 253

Arbeiderswoning in Tuindorp Oostzaan 267

Van Eesteren Museum 277

Woonbootmuseum Amsterdam 293

ARTISTS AND PEOPLE IN HIDING

Rembrandt House Museum 133

Multatuli House 151

Theo Thijssen Museum 163

Witsenhuis 173

Villa Volten 187

Anne Frank House 201

Gisèle d'Ailly House 217

Harry Mulisch House 231

THE ORDINARY AMSTERDAMMER

The Little Orphanage 239

Amsterdamse School Museum Het Schip 253

Oostzaan Garden City Worker's House 267

Van Eesteren Museum 277

Houseboat Museum Amsterdam 293

MIJN HISTORISCHE SENSATIE

Direct contact met het verleden kan heftige en bijzondere emoties oproepen. Zo'n moment dat je je even één voelt met vroeger en de tussenliggende jaren lijken te vervagen. Het kan mij overvallen in Rembrandts atelier, waar het naar pasgemaakte verf ruikt, of in zijn keuken waar hij ruziede met minnares Geertje. Dan waan ik me weer even in de 17ᵉ eeuw, toen de grachten gegraven werden. Overal zeelui uit verre landen, dienstmeisjes die de stoep vegen en kooplui die gouden handelskansen zien. Op straat ruikt het naar paarden, vis, versgebakken brood en – helaas – stinkend grachtenwater.

MY 'HISTORICAL SENSATION'

Direct contact with the past can invoke intense and extraordinary emotions. A feeling of being at one with what has gone before, while the intervening years seem to fade away. I can be caught off guard in Rembrandt's studio, where it smells of freshly made paint, or in his kitchen where he argued with Geertje, his mistress. I feel as if I'm back in the 17th century, when the canals were first being dug. Around me I imagine seafarers from distant lands, housemaids sweeping the steps, and merchants capitalizing on golden trading opportunities. On the streets it smells of horses, fish, fresh-baked bread and – unfortunately – foul-smelling canal water.

Dit gevoel heb ik in alle Amsterdamse huismusea, ze brengen mijn fantasie op gang. De grote historicus Johan Huizinga bedacht een term voor dit gevoel: 'een historische sensatie' noemt hij het. Dat is precies het gevoel dat ik krijg als ik de namen van de familie Frank op de deportatielijst zie. En bij de uitgeholde pianola waarin Gisèle d'Ailly haar onderduikers verstopte. Of in de balzaal van Bram en Louiza Willet-Holthuysen, waar de muziek klinkt alsof het feest zo kan beginnen.

Virtueel kom ik heel dicht bij vroeger als ik met een vr-bril op in het Achterhuis rondkijk. En ik sta virtueel tussen de graafwerkzaamheden

voor de eerste grachten waar de samenscholende rijken in de Gouden Eeuw hun huizen lieten bouwen.

Eigenlijk was mijn hele speurtocht langs de kleurrijke Amsterdamse huismusea één grote historische sensatie in verschillende bedrijven. In de voetsporen van voc-bestuurders, arbeiders, weeskinderen, Multatuli, Anne Frank, Willem Witsen en veel anderen zag ik hoe ze woonden, werkten, leefden. Hoe ze aten in armoedige 19e-eeuwse krotwoningen of aan rijk gedekte tafels in de grachtenhuizen van Van Loon of Bartolotti. Hoe ze in het geheim biechtten bij Pater Parmentier in de verborgen zolderkerk.

Een toerist 'bloemleest in het boek van vroeger', schreef recensent Arjan Peters eens. Ik ging als toerist in eigen stad op huisbezoek bij de bewoners van 'de schone maagd met stinkende adem' (de grachten stonken vroeger enorm), van de Gouden Eeuw tot aan het naoorlogse Nieuwe Wonen. Tussen dezelfde muren, met uitzicht op dezelfde tuin en dezelfde lucht vind ik de unieke sporen van schilders, schrijvers, architecten, arbeiders en kooplui van weleer.

Ik ben nu niet meer zomaar een Amsterdammer, maar een Amsterdammer met een verleden.

Froukje Wattel

I feel this way in all of the historic 'house museums' of Amsterdam: they trigger my imagination, taking me back to the past. The eminent historian Johan Huizinga coined a phrase for this reaction, calling it an 'historical sensation'. That's exactly the feeling I get when I see the names of the Frank family on the deportation list. And when I see the hollowed-out pianola in which Gisèle d'Ailly concealed 'her' people in hiding. Or in the Willet-Holthuysen's ballroom, where the music makes me feel as if the party could start at any moment. Thanks to technology, I have a heightened sense of contact with the past, when I look around the Secret Annex wearing a virtual reality headset, or stand beside the canals where the elite had their houses built in the Golden Age.

In fact, my entire journey through Amsterdam's vibrant house museums was one great historical sensation in a variety of contexts. I followed in the footsteps of Dutch East India Company directors, workers, orphans, writers, artists, architects, and many others, seeing how they lived and worked. How they ate in poverty-stricken 19th-century slums or at lavishly laid tables in canal-side mansions of Van Loon or Bartolotti. How they prayed in secret with Father Parmentier in a clandestine attic church.

The critic Arjan Peters once wrote that a tourist 'anthologises the book of the past'. Like a tourist in my own city, I visited the residents of the 'beautiful maiden with bad breath' – the canals used to stink terribly – from the Golden Age to the post-war 'New Way of Living'. Within the same walls, with views of the same gardens and the same sky, I found the unique traces of fascinating inhabitants of long ago.

I'm no longer just an Amsterdammer: now I'm an Amsterdammer with a past.

Froukje Wattel

HISTORISCHE INSPIRATIE IN DE BURGEMEESTERS WONING

H et voelt soms nog onwerkelijk om de bewoners te zijn van *Het Huis met de Kolommen*, de ambtswoning van de burgemeester. Bijvoorbeeld als ik de prachtige oude burgemeesterskamer binnenloop, of de verguld houten 18^e-eeuwse meubels zie. Wanneer ik er mensen verwelkom, voel ik me soms heel even te gast op andermans feestje. Dit huis is al net zo magisch en sprankelend als de stad zelf, en net zo vol geschiedenis.

HISTORICAL INSPIRATION IN THE MAYOR'S RESIDENCE

I t sometimes feels unreal to be the residents of the 'House with the Columns', the official residence of the mayor. For instance, when I walk into the beautiful old mayoral chamber, or see the gilded 18th-century furniture. When I welcome visitors, for a moment I feel like a guest at someone else's party. This house is just as magical and dazzling as the city itself, and just as full of history.

Dat zie ik overal om me heen, in de goudgerande ontvangstzaal met karmozijnrood zijdebehang, aan de deur waarin het Franse volkslied de Marseillaise is gegraveerd. En aan de engeltjes die vanaf de beschilderde plafonds op ons neerkijken. Zij hebben het allemaal gezien: van de puissant rijke koopmannen die er woonden, de hoogwaardigheidsbekleders die hier ontvangen werden, activisten die voor de deur kwamen protesteren. Een vooral alle levendige en inspirerende gesprekken die vele burgemeesters hielden met Amsterdammers die zich inzetten voor een welvarende, tolerante en vrije stad.

Dit pand aan de Herengracht werd in 1672 gebouwd in opdracht van Paulus Godin, bewindhebber van de West-Indische Compagnie, die medeverantwoordelijk was voor de slavenhandel vanuit Afrika. Bij het pand is een plaquette geplaatst, omdat we ook aan dit deel van onze geschiedenis aandacht moeten blijven besteden.

Eeuwenlang was dit het privéhuis van patriciërs, burgemeesters en industriëlen die het allemaal naar eigen smaak verbouwden. Sommige oud-bewoners komen we weer tegen in dit boek over de Amsterdamse musea. Zo was het huis een tijd in bezit van de familie Van Loon. En Arnold d'Ailly, de latere echtgenoot van verzetsheldin Gisèle d'Ailly, woonde hier als burgemeester.

Sinds 1927 is dit de officiële ambtswoning van de Amsterdamse burgemeester. Nu wonen wij met ons gezin op de derde etage in een modern woonappartement. De rest van het huis is werk- en ontvangstruimte. Het is een voorrecht om hier te wonen en te werken. De geest van mijn voorgangers is nog bijna voelbaar en zorgt voor historische inspiratie.

Femke Halsema
BURGEMEESTER VAN AMSTERDAM

De burgemeesterswoning is te bezoeken op Open Monumentendag

I see this all around me: in the gilt-edged reception room with its crimson silk wallpaper, on the door inscribed with the French national anthem, the Marseillaise. And in the angels that gaze down on us from the painted ceilings. They have seen it all – from the fabulously wealthy merchants who lived here and the dignitaries who were received here, to the activists who came to protest outside. And, of course, all the animated conversations that many have held here with Amsterdammers who worked for a prosperous, tolerant, and free city.

This building on the Herengracht was built in 1672 by order of Paulus Godin, director of the Dutch West India Company, which played a role in the slave trade from Africa. (A plaque commemorating this has been placed here because we must also call attention to this dark chapter in our history.)

For centuries this building was the private home of patricians, mayors, and industrialists, who renovated it to suit their personal tastes. We'll encounter some of these former residents in this book. For a time, the house was owned by the Van Loon family, and Arnold d'Ailly, the husband of resistance hero Gisèle d'Ailly, lived here when he was mayor.

Since 1927 this has been the official residence of the mayor of Amsterdam. Now we live with our family in a modern apartment on the third floor. The rest of the house has been converted into workspaces and reception rooms. The spirit of my predecessors is almost palpable within these walls and it gives me inspiration.

Femke Halsema
MAYOR OF AMSTERDAM

The mayoral residence is open to visitors annually on Open Monuments Day. Information can be found on the website: www.openmonumentendag.nl

WONEN
AAN DE GRACHT

LIVING
ON THE CANAL

HET GRACHTEN MUSEUM

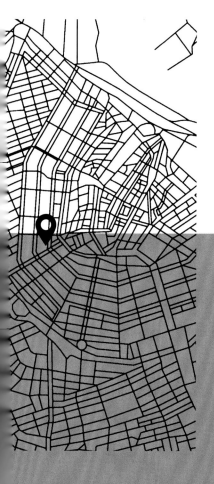

📍 Herengracht 386
📞 020 - 421 16 56
🕐 Dinsdag t/m zondag 11.00-17.00 uur
€ Entree volwassenen: €15,- (online)
🔗 https://grachten.museum

📍 Herengracht 386
📞 +31 (0)20 421 16 56
🕐 Tuesday to Sunday 10 AM to 5 PM
€ Entrance for adults: €15 (online)
🔗 https://grachten.museum

MUSEUM OF THE CANALS

GRACHTEN GAAN DIGITAAL

HET HUIS

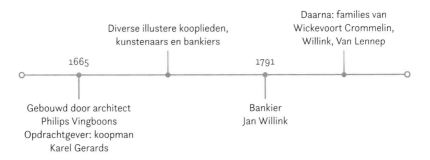

Diverse illustere kooplieden, kunstenaars en bankiers

Daarna: families van Wickevoort Crommelin, Willink, Van Lennep

1665

1791

Gebouwd door architect Philips Vingboons Opdrachtgever: koopman Karel Gerards

Bankier Jan Willink

THE CANALS GO DIGITAL

THE HOUSE

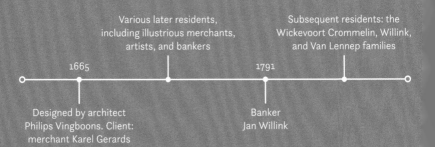

Various later residents, including illustrious merchants, artists, and bankers

Subsequent residents: the Wickevoort Crommelin, Willink, and Van Lennep families

1665

1791

Designed by architect Philips Vingboons. Client: merchant Karel Gerards

Banker Jan Willink

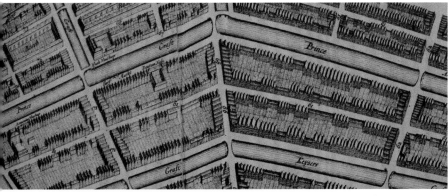

VINGBOONS, CANAL HOUSE ARCHITECT

The majority of canal houses were not designed by architects, but rather built by contractors who simply carried out the wishes of the prospective residents and hired the necessary tradesmen.

Architect Philips Vingboons (1607–1678) and his less well-known brother Justus, the sons of a painter from Mechelen, were the exceptions to this rule. The Vingboons family fled as refugees to Amsterdam, where four of the ten children found fame: Philips and Justus as architects, Pieter as a merchant, and Johannes as a cartographer. Philips became one of the most celebrated architects in Amsterdam, so famous that he hoped he'd be commissioned to build the city hall. Although that never happened, he did invent the Amsterdam neck gable, a well-known feature of canal houses, and the 'Vingboons gables' of the Cromhout houses (Herengracht 366–368) are also his design.

In 1665 Philips designed a beautiful canal house on the Herengracht for the merchant Karel Gerards.

More buildings by Vingboons: www.amsterdamsegrachtenhuizen.info/
(see 'History people').

VINGBOONS, GRACHTENHUISARCHITECT

De meeste grachtenhuizen zijn niet door een architect gemaakt, maar door aannemers die gewoon de wensen van de toekomstige bewoner uitvoerden en de benodigde vaklieden inhuurden. Architect Philips Vingboons (1607-1678) en zijn minder bekende broer Justus Vingboons, zoons van een Mechelse schilder, zijn de uitzonderingen. De familie Vingboons vluchtte naar Amsterdam, waar vier van de tien kinderen beroemd werden. Philips en Justus als architect, Pieter als koopman en Johannes als kaartenmaker.

Philips werd een van de belangrijkste architecten van Amsterdam, zo beroemd dat hij hoopte ook het stadhuis te mogen bouwen. Maar helaas... Wel vond hij waarschijnlijk de Amsterdamse halsgevel uit en de Vingboonsgevels van de Cromhouthuizen (Herengracht 366-368) zijn ook van hem. In 1665 ontwierp Philips een fraai grachtenhuis voor koopman Karel Gerards aan de Herengracht.

Meer panden van Vingboons: www.amsterdamsegrachtenhuizen.info (zie: personen).

In dit koopmanshuis uit 1665 gebeuren dingen die architect Philips Vingboons en de oorspronkelijke bewoners zich nooit hadden kunnen voorstellen. Wat wisten zij immers van digitale zaken? We gaan hier virtueel terug in de tijd en beleven het begin van de Amsterdamse bloeitijd. We staan middenin een bouwput en zien en horen hoe de grachten bedacht en gegraven worden.

We beginnen de tour (met audio) in de 16ᵉ eeuw. Het is de tijd van Prins Maurits, toen immigranten van alle kanten toestroomden, vooral uit Zuid-Nederland. Amsterdam bestaat nog uit oude houten huizen en begint aan een ongekende groeispurt. We zitten er virtueel middenin en op de achtergrond draaien filmbeelden van drukke markten en havens vol schepen met producten uit de hele wereld. We zien hoe Amsterdam de middeleeuwen afschudt en in korte tijd twee keer zo groot wordt, vooral dankzij de buitenlandse handel. Er klinkt een kakofonie aan vreemde talen, want één op de drie bewoners in de 17ᵉ eeuw was immigrant.

BURGEMEESTERSKAMER

In de aangrenzende kamer staan een grote vergadertafel en stoelen, bestemd voor de burgemeester, de stadsarchitect en de vestingbouwer. De

Since it was built in 1665, things have happened in this merchant's house that architecht Philips Vingboons and the original residents could never have imagined. After all, how could they have imagined our digital world? Yet we can travel back in time, virtually speaking, to experience the genesis of Amsterdam's heyday, we can see and hear how the canals were designed and excavated.

We begin our multimedia tour (with audio) in the 16th century. We're in the period of Prince Maurits, when immigrants stream into the city from all around, particularly from southern Holland. In those days, Amsterdam consisted mainly of old wooden houses, but an unprecedented growth spurt is just beginning and we're in the middle of it all. In the background we see busy markets and harbours full of ships bearing products from all around the world. We witness Amsterdam shaking off the Middle Ages, and then doubling in size, largely due to the city's international trade. Now in the 17th century, we hear a jumble of foreign languages because one in three inhabitants of Amsterdam in those days was an immigrant.

MAYORAL CHAMBER

In the next room there is a large conference table and chairs, intended for the mayor, the city architect, and the builder of the fortifications. The chairs are empty, but we hear men's voices discussing the expansion of the city and planning the construction of the canal belt. What will it look like? Where will the bridges, churches, windmills, fire station, and city walls be? How much will it all cost? A few moments later we find ourselves in another meeting, in 1662, and there are fresh plans to greatly expand the canal belt. All the city's most important families have decided they must live in the canal belt between the Leidsestraat and the Amstel, also known as the 'polder'.

FROM CANAL-SIDE HOUSE TO DOLLS' HOUSE

In the third room, we're in the sand on the bottom of a canal. Around us stately canal-side mansions are under construction. We hear the sounds of hammering and sawing, and men singing loudly. These workers provided the muscle power for the heaviest work: driving thousands of piles 12 to 20 metres into the marshy ground.

In the next room the canal house is complete, reconstructed as an enormous dolls' house. We can see into all the rooms, see what's going on in them. In the attic the maid is hanging out the washing while she flirts with the footman. In other rooms people are dancing, and men in wigs and stockings are playing cards. Somewhere a portrait painter is at work, and from the attic we hear hymns of worship from a clandestine church. All the rooms have been replicated in detail, and small portholes allow us to peer into a miniature canal house.

PERIOD INTERIORS

After studying the large-scale model of Amsterdam's city centre, we move to the first floor. Here we find three period interiors with red and gold wallpaper and gigantic cast iron fireplaces. These rooms have been completely restored using artisanal techniques from the Golden Age, and the murals by Jurriaan Andriessen (1776) in the side room are original. In a side room, a spectacular chandelier is reflected in an enormous mirror and beautiful green landscapes on the wall draw our attention

stoelen blijven leeg, maar we horen wel de stemmen van mannen die ver-
gaderden over stadsuitbreiding en het aanleggen van de grachtengordel.
Hoe gaat die eruitzien? Waar komen de bruggen, kerken, molens, brand-
weer en waar de stadsversterkingen? En wat moet dat allemaal kosten?
Even later zitten we in een volgende vergadering. Inmiddels is het 1662 en
zijn er opnieuw plannen om de grachtengordel flink uit te breiden. Oude
kaarten aan de wand illustreren de aanleg van de grachten. Alle families
die ertoe deden, gingen wonen in de grachtengordel tussen de Leidsestraat en de Amstel, ook wel 'de polder' genoemd.

VAN GRACHTENHUIS TOT POPPENHUIS

In de derde kamer staan we in het zand,
op de bodem van een gracht. Rondom ons
zijn statige grachtenpanden in aanbouw.
Sommige zijn nog maar half af en we horen dat overal druk wordt getimmerd en
gezaagd. Luidkeels zingende mannen le-
veren de spierkracht voor het zware werk:
het heien van de duizenden palen die 12
tot 20 meter de drassige grond in moeten.
Voor elke paal is dertig man nodig.

In de volgende zaal is het grachtenhuis af,
nagebouwd als een enorm poppenhuis. We
kunnen in alle kamers kijken en zien wat
er allemaal gebeurt. Op de zolderkamer
hangt de meid de was op terwijl ze flirt met
de huisknecht. In andere kamers wordt
gedanst, kaart gespeeld door mannen met pruiken en kniekousen. Ergens
is een portretschilder bezig en op zolder klinken eerbiedige psalmen in de
schuilkerk. Alle kamers zijn tot in detail nagemaakt en ingericht. Aan de zijkanten zijn kijkdozen gemaakt die ons laten binnen gluren in echt bestaande
grachtenhuizen.

STIJLKAMERS

Na een bewonderende blik op de grote maquette van de Amsterdamse
binnenstad dalen we af naar de bel-etage. Daar zijn drie stijlkamers met
roodgouden behang en reusachtige, gietijzeren haarden. Het interieur is
helemaal gerestaureerd volgens ambachtelijke technieken uit de Gouden
Eeuw, de wandschilderingen van Jurriaan Andriessen (1776) in de zijkamer zijn origineel. We besluiten onmiddellijk dat deze zijkamer onze fa-
voriete kamer is als we hier zouden wonen. Prachtig groene landschappen

op de wand, een indrukwekkende kroonluchter weerkaatst in een enorme spiegel en het rustgevende uitzicht op de symmetrisch aangelegde tuin met buxusbomen en bloemen.

ALS MUREN OREN HADDEN

Onze audiotour maakt contact met de computerschermen en vertelt ons over de architect Philips Vingboons, die van de eerste bewoner Karel Gerards de opdracht kreeg dit pand te bouwen. Deze muren zijn in de loop der eeuwen getuige geweest van belangrijke politieke en financiële transacties van de groten der aarde. De doopsgezinde koopman en bankier Jan Willink bijvoorbeeld kocht dit pand in 1791 (voor 73.000 gulden). Hij leerde in die tijd John Adams kennen, de latere president van de Verenigde Staten. Adams was op zoek naar (veel) geld voor de Amerikaanse onafhankelijkheidsstrijd en woonde in Nederland, aan de Keizersgracht. Bankier Jan Willink en zijn rijke vrienden leenden John Adams ettelijke miljoenen en werden zo medefinancier van de Amerikaanse onafhankelijkheid.

to the view of the symmetrically landscaped garden with its box trees and flowers.

IF THESE WALLS COULD TALK

We learn about the architect Philips Vingboons, who was granted the commission to design this building by its first resident, Karel Gerards. Over the centuries these walls have witnessed momentous political and financial transactions by the great and the good. The Baptist merchant and banker Jan Willink bought this building in 1791 (for 73.000 guilders). Around this time, he became acquainted with John Adams, who would later become president of the United States. Adams was trying to drum up lots of money for the American War of Independence, and lived in Amsterdam on the Keizersgracht. Willink and his wealthy friends lent Adams several million guilders, and so became financiers of America's independence.

MUSEUM VAN LOON

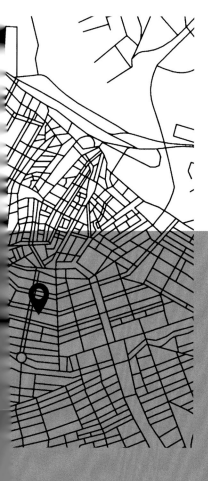

📍 Keizersgracht 672
📞 020-624 52 55
🕐 Dagelijks 10.00-17.00 uur
€ Entree volwassenen: €12,50
   Terras in de tuin ('s zomers) en
   in het koetshuis ('s winters)
➤ www.museumvanloon.nl

📍 Keizersgracht 672
📞 +31 (0)20-624 52 55
🕐 Daily 10 AM to 5 PM
€ Entrance for adults: €12,50
   Terrace in the garden (summer)
   and in the coach house (winter)
➤ www.museumvanloon.nl

MUSEUM VAN LOON

EEN EXTRA FRAAY HUIS

HET HUIS

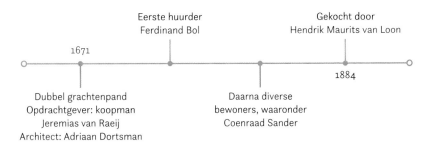

Eerste huurder
Ferdinand Bol

Gekocht door
Hendrik Maurits van Loon

1671

1884

Dubbel grachtenpand
Opdrachtgever: koopman
Jeremias van Raeij
Architect: Adriaan Dortsman

Daarna diverse
bewoners, waaronder
Coenraad Sander

A SPLENDID HOUSE

THE HOUSE

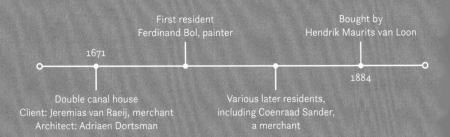

First resident
Ferdinand Bol, painter

Bought by
Hendrik Maurits van Loon

1671

1884

Double canal house
Client: Jeremias van Raeij, merchant
Architect: Adriaen Dortsman

Various later residents,
including Coenraad Sander,
a merchant

In 1884 kocht de familie Van Loon dit huis als huwelijksgeschenk voor zoon Willem Hendrik en zijn vrouw Thora van Loon-Egidius. De familie behoorde toen al lang tot de elite van Amsterdam, als burgemeester, VOC-bewindhebber, diplomaat of kolonel van de schutterij. Het begon met de protestantse Willem van Loon die in 1571 uit het katholieke zuiden naar Rotterdam vluchtte. Hij werkte zich op van haring- en bokkingkoper tot één van de twaalf oprichters van de VOC in Rotterdam. Zijn zoon Hans van Loon (1577-1658) verhuisde naar Amsterdam, eerst naar de Zeedijk en later naar de Keizersgracht. Hij handelde in scheepsverzekeringen en was ook VOC-bewindhebber. Hans trouwde met Anna Ruychaver, dochter van een machtige Haarlemse familie. Zo belandden de Van Loons voorgoed in de wereld van macht en adel. Veel 'goede huwelijken' volgden, want dat bleek een probaat middel om hogerop te komen en om het familiekapitaal uit te breiden met bruidsschatten en kunstcollecties die de bruiden meebrachten.

Hendrik Maurits van Loon bought this house in 1884 as a wedding gift for his son Willem Hendrik and his daughter-in-law Thora van Loon-Egidius. The Van Loon family had long been a part of the Amsterdam elite, and various family members had been mayor of Amsterdam, director of the Dutch East India Company (VOC), a diplomat and a colonel of the militia. It all began with Willem van Loon (1537–1618), a Protestant who fled from the Catholic south of the Netherlands to Rotterdam in 1571. Willem worked his way up from selling herring to become one of the twelve founders of the VOC in 1602. His son Hans van Loon (1577–1658) moved to Amsterdam, first to the Zeedijk and later to the Keizersgracht, where he sold maritime insurance policies and was also a governor of the VOC. Hans married Anna Ruychaver (1573–1649), the daughter of a prominent family from Haarlem. This marital alliance gave the Van Loon family access to the world of power and nobility. As this had proven to be an effective means of social climbing, many subsequent 'good marriages' followed, and the Van Loon family fortune continued to grow as a result of the dowries and art collections that the brides brought with them.

Van Loon has been a famous name in Amsterdam since the 17th century. In this home, where the regent family last lived, we can get a sense of more than three centuries of family history through their possessions, from their silver soup tureen and antique sleigh to their magnificent wallpaper and paintings of illustrious Van Loon forefathers.

Willem van Loon and Thora van Loon-Egidius lived here from 1884, and their life-size portraits look down approvingly on their descendants. Thora was lady-in-waiting to Queen Wilhelmina. Here in the Blue Salon, her reception room on the canal, Thora decided who would or would not be introduced to the Queen. Walking over the wonderfully soft Sarouk Persian carpet in the Blue Salon, we see many signed photos of crowned heads of Europe – the Belgian and Swedish royal couples, for example, and of course the current king of the Netherlands, King Willem-Alexander. The Van Loon family continues to be an important Dutch family, and until 2014, Martine van Loon-Labouchère, the second wife of Maurits van Loon (1923–2006), was Mistress of the Robes to Queen Beatrix and attended the coronation of King Willem-Alexander.

THE SILVER SOUP TUREEN
On the other side of the hallway, in the cognac-coloured dining room, stands a lavishly laid table with an enormous silver soup tureen as its centrepiece. The tureen is part of a magnificent set of silverware that Willem van Loon bought in 1824 – with money he won in the state lottery! In the stately cabinet you'll find pieces from a set of 18th-century Dutch porcelain tableware. The paintings on the walls are of the brothers Willem (1633–95) and Adriaen van Loon

Van Loon is al sinds de 17ᵉ eeuw een bekende naam in de geschiedenis van Amsterdam. In dit laatste woonhuis van het regentengeslacht zien we ruim drie eeuwen familiegeschiedenis, van hun zilveren soepterrine en antieke arrenslee tot schilderijen van illustere voorvaders en prinselijk behang.

Willem en Thora van Loon woonden hier vanaf 1884. Thora was Dame du Palais van Koningin Wilhemina. Hier in de Blauwe Salon, haar ontvangstkamer aan de gracht, bepaalde zij wie er wel of niet aan koningin Wilhelmina voorgesteld zou worden. Rondslenterend op het heerlijk zachte sarouk tapijt in de Blauwe Salon komen we veel gesigneerde foto's van gekroonde hoofden tegen. De Belgische en Zweedse koningsparen bijvoorbeeld en natuurlijk Koning Willem-Alexander. Martine van Loon-Labouchere, de tweede vrouw van Maurits van Loon, was tot 2014 grootmeesteres, zowel onder koningin Beatrix als bij de inhuldiging van Koning Willem-Alexander. Levensgrote portretten van Willem en Thora kijken goedkeurend neer op hun nageslacht.

DE ZILVEREN SOEPTERRINE
Aan de andere kant van de hal, in de cognackleurige eetkamer, staat een uitbundig gedekte tafel met in het midden een enorme zilveren soepterrine, deel van het mooiste zilveren familieservies. Interessant detail: dit zilveren servies kocht Willem van Loon in 1824, toen hij de Staatsloterij had gewonnen. In het statige kabinet staan delen van een Hollands porseleinen servies uit de 18ᵉ eeuw.

Aan de wand hangen schilderijen van de verre voorvaderen: de broers Willem (1633-1695) en Adriaen van Loon (1631-1722) met

(1631–1722) and their wives Catharina and Cornelia. In 1667 these brothers ordered the construction of two adjacent buildings on the 'Golden Bend' of the Herengracht – where the grandest canal houses in Amsterdam were being built – at number 497 (now the Cat Cabinet) and number 499.

FIRST RESIDENT: FERDINAND BOL

Long before the Van Loons lived here, the first tenant moved into this newly built house in 1672. Ferdinand Bol, celebrated painter and a pupil of Rembrandt, rented the building. However, after taking up residence in the house, Ferdinand rarely painted anymore: recently married for the second time, to the immensely wealthy widow Anna van Erckel, there was less urgency for him to earn money with his artwork. Rather, the newlyweds collected art by other artists, including works by Rembrandt, Rubens, Ruisdael and their contemporaries.

FAMILY PORTRAITS

Portraits of Hans van Loon and his wife Anna Ruychaver dominate the spacious, airy marble hall. Halfway up the stairs hangs a portrait of Willem van Loon the family patriarch. Wandering through the house it becomes clear that portraits of his descendants (many of whom were also named Willem) are everywhere. In the back room, the Red Salon, a whole battalion of Van Loons and their relatives – some with fantastic names like Emmerentia – gaze serenely down at us from their stylish gilt-edged frames.

In the hall there is a touching painting of Willem van Loon (1633–95) as a young child, painted by Dirck Santvoort in 1636. Although the child is wearing a dress, the sitter is clearly a boy. 'You can see that from the toy in his hand: boys were always painted like that', explains a museum employee. He is painted as a mini regent, in dark mourning attire, wearing a necklace. Perhaps the sombre clothing is a foreshadowing of his future role as mayor of Amsterdam?

The hall leads to a sunny room with a view of the beautiful garden. This room was Thora Van Loon's private chamber, filled with porcelain statues and portraits of children. The cheerful paintings of two children are the brothers Willem and Adriaen, whose adult portraits hang in the dining room.

BASEMENT, COACH HOUSE, AND GARDEN

After an admiring glance at the painted ornamental sleigh (circa 1770) used for outings on the frozen canals, we walk downstairs to the basement kitchen. Filtered sunlight illuminates the impressive kitchen with its marble floor, blue-painted beams and cast-iron stove. Everything is

Catharina en Cornelia, hun echtgenotes. Deze broers lieten in 1667 twee aangrenzende panden bouwen: de Gouden Bocht van de Herengracht op nummer 497 (het huidige Kattenkabinet) en 499.

EERSTE BEWONER: FERDINAND BOL

Lang voordat de familie Van Loon er woonde, trok in 1672 de eerste huurder in dit pas gebouwde pand. Het was Ferdinand Bol, bekend schilder en leerling van Rembrandt, die het pand huurde. Schilderden deed Ferdinand toen trouwens weinig meer, want hij was net voor de tweede keer getrouwd met de steenrijke weduwe Anna van Erckel. De jonggehuwden verzamelden vooral kunst, zoals werken van Rembrandt, Rubens, Ruisdael en tijdgenoten.

FAMILIEPORTRETTEN

Portretten van Hans van Loon en zijn vrouw Anna Ruychaver domineren de grote, lichte marmeren hal. Halverwege de trap hangt het portret van Willem van Loon, de aartsvader. Zwervend door het huis krijgen we langzamerhand oog voor de typische familietrekjes van de opeenvolgende Willems, ze zijn overal. Vooral in de Rode Salon, de achterkamer, staart een heel bataljon Van Loons en verwanten – soms met fantasieprikkelende namen, zoals Emmerentia – ons onverstoorbaar aan vanuit hun deftige zwart-met-goudgerande schilderijlijsten.

In de hal hangt ook een aandoenlijk schilderij van een kleutertje: Willem van Loon in 1636 geschilderd door Dirck Santvoort. Hoewel het kind een jurkje draagt, is het toch een jongetje. 'Dat zie je aan het speelgoed in zijn hand, zo werden jongetjes altijd afgebeeld', vertelt een medewerker. Het kindje is aangekleed als mini-regent in donker rouwkostuum, met een geuzenpenning om zijn hals. Voorbereid op zijn latere taak als burgemeester?

De hal komt uit op de zonnige tuinkamer met uitzicht op de fantastische tuin. Dit was het privévertrek van Thora Van Loon, gevuld met porseleinen beeldjes en kinderportretten. De vrolijke schilderijtjes van twee kinderen blijken dezelfde broers Willem en Adriaen te zijn als in de eetkamer, maar dan op jonge leeftijd.

SOUTERRAIN, KOETSHUIS EN GRACHTENTUIN

Na een bewonderende blik op de beschilderde, originele pronkslee (circa 1770), gebruikt voor ijspret op dichtgevroren grachten, nemen we de trap naar beneden. In het souterrain glimmen de knopen van de livreien van het personeel ons tegemoet. Gefilterd zonlicht valt op het aanrecht in de prachtige keuken met een marmeren vloer, blauw geschilderde balken en

een gietijzeren fornuis. Alles is startklaar voor een overvloedig banket. De keuken kijkt uit op de achtertuin waar rozenstruiken en hortensia's zich opmaken voor hun bloei. Via de tuin komen we in het koetshuis achterin. Dat hangt vol met paardentuigen, strak gepoetste rijlaarzen en ander hippisch materiaal, en er staat natuurlijk een heus rijtuig. Tegenwoordig wordt er koffie en thee geserveerd.

SLAAPKAMERS

Terug in de hal nemen we de trap met vrolijke rococobalustrade naar de eerste verdieping. Deze slaapverdieping is versierd met grisailles (schilderijen in één kleur, meestal grijs) van Gerard De Lairesse. De Rode Slaapkamer heeft natuurlijk een bed met rood baldakijn en statige, Griekse zuilen aan weerszijden.

Wie in de Drakensteynkamer sliep, kon wegdromen bij taferelen van een Romeinse ruïne en dobberende bootjes op een blauwe zee. Deze behangselschilderingen hingen ooit aan de wanden van kasteel Drakensteyn. Maurits van Loon kocht ze in de jaren zestig van de vorige eeuw en liet ze restaureren. Later bleek dat Jurriaan Andriessen (1742-1819) de schilder was.

ready for a lavish banquet. The kitchen looks out on the back garden, through which we enter the coach house at the rear. It is filled with harnesses, gleaming, polished riding boots, and, of course, a genuine carriage. Tea and coffee are now served in the former carriage house, which is also available for private parties and events.

BEDROOMS

Back in the hallway, we climb the stairs, with their exuberant rococo balustrade, to the first floor. This floor is decorated with grisaille (paintings executed in a single colour, mainly shades of grey) by Gerard de Lairesse (1641–1711). Naturally the Red Bedroom features a bed with a red canopy, with stately Greek columns on either side.

The painted wallpaper in the Drakensteyn Room once decorated the walls of Drakensteyn Castle. Maurits van Loon bought the paintings in the 1960s and had them restored, bringing the scenes of Roman ruins and fishing boats bobbing on a blue sea back to life. It was later discovered that the wallpaper had been painted by Jurriaan Andriessen (1742–1819).

The Bird Room was once intended as a library, with built-in bookcases and wallpaper with a bird motif. But before it was completed, the resident who had commissioned the design, Coenraad Sander, died in 1776. Later it became a bedroom and nursery.

NEW MONEY

On the first floor we find a portrait of the widow Johanna Borski, grandmother of Louky van Loon-Borski. Johanna Borski (1764–1846) was married to the extremely wealthy but miserly stockbroker Willem Borski. After Willem's death in 1814, Johanna carried on his business earning herself fourth place on the list of the all-time richest people in the Netherlands (before 1900), with assets worth €50,347,956. (First place was held by King Willem I, with over €261 million.*)

The Van Loon family knew good times, but also experienced hardships, for example, when they had to sell artworks to make ends meet. But in the second half of the 19th century the tide turned: in 1854 Hendrik Maurits van Loon married the tremendously rich Louky Borski, who brought with her a dowry most could only dream of. Admittedly it was new money, but it was money nevertheless! What's more, in 1821 the Van Loons had been elevated to the nobility, so times were good for Hendrik and Louky van Loon-Borski. They bought this building for their son, the banker Willem Hendrik van Loon and his wife Thora, in 1884. Hendrik and Louky themselves lived on the Herengracht, in a building that is now the mayor's official residence.

Today, Philippa Colomb de Daunant-Van Loon, a descendant of the same Van Loon family, lives on the top floor of the house.

*   Source: Historisch Nieuwsblad: The 10 richest Dutch people.

OPEN GARDENS

Every year in June the Museum Van Loon organises the Open Gardens Days on the Amsterdam canals. This is a chance for garden lovers to admire the dozens of green oases in all their classical splendour for three days. In the 17th century gardens needed to be practical: a vegetable or an herb garden, an orchard for fruit or a lawn to bleach the washing. Ornamental gardens only became fashionable later as the residents of the canals became richer.

Price via the Museum Van Loon website or approximately €20, tickets at the location. www.opentuinendagen.nl

Slapen kon ook in de Vogelkamer, ooit bedoeld als bibliotheek met inge-
bouwde boekenkasten en vogelbehang. Maar voordat alles ingericht was,
overleed in 1776 de toenmalige bewoner Coenraad Sander. Later werd het
een slaapkamer en kinderkamer.

NIEUW GELD

Ook op de eerste etage hangen overal familieportretten. Het meest intri-
gerende vinden wij het portret van de weduwe Johanna Borski, de oma
van Louky van Loon-Borski. Johanna Borski (1764-1846) was getrouwd
met de steenrijke, maar norse en gierige Willem Borski, commissionair
in effecten. Toen Willem overleed in 1814, zette oma Johanna zijn bedrijf
voort en schopte het met € 50.347.956 tot de vierde plaats op de lijst van
rijkste Nederlanders aller tijden (vóór 1900). De eerste plaats is voor Koning Willem I zelve, met ruim 261 miljoen.*

De familie Van Loon kende goede tijden, maar ook slechtere, waarin
ze bijvoorbeeld kunst moesten verkopen om het hoofd boven water te
houden. Maar in de tweede helft van de 19ᵉ eeuw keerde het tij: Hendrik
van Loon trouwt in 1854 de extreem gefortuneerde Louky Borski die een
bruidsschat meebrengt waar de meesten alleen maar van kunnen dromen. Dat is weliswaar nieuw geld, maar het blijft geld. Bovendien waren
de Van Loons in 1821 in de adelstand verheven. Goede tijden dus, voor
Hendrik en Louky van Loon-Borski. Zij kochten dit pand, het huidige
museum, als huwelijkscadeau voor hun zoon, bankier Willem Hendrik
van Loon en zijn vrouw Thora. Zelf woonden ze op de Herengracht in het
pand dat tegenwoordig de ambtswoning van de burgemeester is.

Tegenwoordig woont de laatste afstammeling, Philippa Colomb de Daunant-Van Loon, nog op de bovenste etage van het huis.

* Bron: Historisch Nieuwsblad: de 10 rijkste Nederlanders.

OPEN TUINEN

Elk jaar in juni organiseert Museum Van Loon de Open Tuinen Dagen
aan de Amsterdamse grachten. Hedendaagse tuinliefhebbers kunnen dan
drie dagen lang de tientallen groene grachtenoases in al hun klassieke
luister bewonderen. In de 17ᵉ eeuw moesten tuinen vooral nuttig zijn: een
moes- of kruidentuin, een boomgaard voor groente en fruit en een bleek-
veld voor de was. Later, toen de grachtenbewoners rijker werden, kwamen de siertuinen pas in de mode.
Prijs circa €20 via webshop Museum Van Loon of ter plekke.
www.opentuinendagen.nl

HUIS VAN BRIENEN

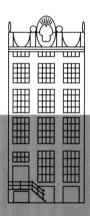

Herengracht 284
020-521 06 30
Open op verzoek
www.hendrickdekeyser.nl/de-huizen/
huis-van-brienen

Herengracht 284
+31 (0)20-521 06 30
Upon request
www.hendrickdekeyser.nl/de-huizen/
huis-van-brienen

VAN BRIENEN HOUSE

GRANDEUR
EN NEPDEUR

HET HUIS

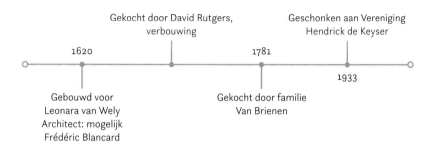

Gekocht door David Rutgers, verbouwing

Geschonken aan Vereniging Hendrick de Keyser

1620

1781

1933

Gebouwd voor
Leonara van Wely
Architect: mogelijk
Frédéric Blancard

Gekocht door familie
Van Brienen

GRANDEUR
AND A FALSE DOOR

THE HOUSE

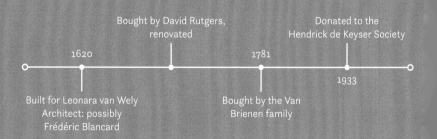

Bought by David Rutgers, renovated

Donated to the Hendrick de Keyser Society

1620

1781

1933

Built for Leonara van Wely
Architect: possibly
Frédéric Blancard

Bought by the Van Brienen family

Arnold Johan van Brienen, heer van de Groote Lindt en Dortsmond, zoals hij voluit heette, kocht dit huis als huwelijksgeschenk voor zijn zoon Willem Joseph, de latere baron en burgemeester van Amsterdam.

Koopmansfamilie Van Brienen werd rijk door hennep- en teerhandel en verzekeringen. 'Niet gewoon rijk, maar heel, heel rijk', schrijft Ileen Montijn over hen in het fotoboek *Verborgen Schoonheid*. 'Gefluisterd werd dat hun fortuin verband hield met de grote aardbeving die in 1755 Lissabon had verwoest (...). Tienduizenden mensen kwamen om het leven. De Van Brienens fungeerden als tussenpersonen voor Zuid-Europese investeerders. Na de ramp hadden de fortuinen die de Portugezen aan hen toevertrouwd hadden, ineens geen andere eigenaar meer (...).'

'VERY, VERY RICH'

Arnoldus Johannes van Brienen, Lord of De Groote Lindt and Dortsmond, as he was known in full, bought this house as a wedding gift for his son Willem Joseph, later baron and mayor of Amsterdam.

The Van Brienen family of merchants become rich through trading in hemp, tar, and insurance. 'Not just rich, but very, very rich', wrote Ileen Montijn in the photo book *Verborgen Schoonheid* ('Hidden Beauty'). 'It was whispered that their fortune was connected with the great earthquake that had destroyed Lisbon in 1755 (...). Tens of thousands of people died. The Van Brienens acted as intermediaries for South European investors. After the disaster, the fortunes that the Portuguese had entrusted to the Van Brienens no longer had other owners (...).'

The extremely wealthy Van Brienen merchant family were the last residents of one of Amsterdam's best-preserved canal houses. The style of the Dutch Golden Age is still intact and visible in many places in this city palace, which makes it easy to visualise how the residents – and their servants – lived and worked.

The house was built in 1620 for Leonara Haukens, widow of the murdered Hans van Wely, who was Prince Maurits' court jeweller. Her husband had bought the plot shortly before his death, when the Herengracht had just been excavated. After his death, his widow had two identical houses built side-by-side, which she could rent out for income. More than 100 years later, David Rutgers and his sisters bought one of the houses, the current Van Brienen House, and transformed it into a patrician mansion in the Louis XIV style. Arnoldus Johannes van Brienen bought the building in 1781 and, once again, it was renovated, this time in the Louis XVI style. A year later Arnoldus gave it to his son Willem Joseph, who became mayor during the French occupancy of Holland in the early 19th century. Willem was elevated to the position of Baron de l'Empire by Napoleon, and later named a Dutch baron by King Willem I.

De extreem rijke koopmansfamilie Van Brienen was de laatste bewoner van een van de best bewaarde grachtenpanden. In dit stadspaleisje is de oude stijl op veel plaatsen nog intact. Je voorstellen hoe de bewoners dineerden en hoe de keukenmeiden en knechten woonden en werkten is hier niet moeilijk.

Het huis werd in 1620 gebouwd voor Leonara Haukens, weduwe van de vermoorde Hans van Wely die hofjuwelier was van Prins Maurits. Haar man kocht de kavel vlak voor zijn dood, toen de Herengracht net gegraven was. Door zijn dood werd het een belegging voor zijn weduwe: twee identieke huizen naast elkaar die ze kon verhuren. De volgende eigenaren, David Rutgers en zijn zussen, lieten het rond 1728 verbouwen tot een patriciërswoning in Lodewijk XIV-stijl. In 1781 kocht Arnoldus Johannes van Brienen het pand, om het te laten verbouwen in Lodewijk XVI-stijl. Een jaar later deed hij het cadeau aan zijn zoon Willem Joseph, die burgemeester werd tijdens de Franse overheersing. Hij werd door Napoleon verheven tot baron de l'Empire en later door Koning Willem I tot 'gewoon' Nederlands baron.

GRANDEUR

De statige trap aan de gracht belooft veel goeds. Net als de grote witmarmeren hal en gang met links en rechts imposante, zachtgroene deuren en een grote trap met Louis XIV-houtsnijwerk. Hier is maar één woord voor: grandeur. Maar schijn bedriegt: de zachtgroene deuren links lijken toegang te geven tot enorme zalen, maar het zijn nepdeuren. Er zit niets dan kale muur achter. Deze truc werd vroeger vaker toegepast, zo leek het alsof je een dubbel grachtenhuis bezat. Aan de rechterkant vinden we wel echte kamers: de voorname voorkamer aan de gracht en de eetkamer waar de familie dineerde bij kaarslicht. De kamers zijn prachtig bewaard gebleven, met hun antieke schouwen, vergulde spiegels met verweerd glas, houtsnijwerk en stucwerk.

HET NIEUWE ACHTERHUIS

We lopen door naar het later aangebouwde achterhuis. Daar is de grote zaal, die werd gebruikt voor ontvangsten. De wanden en het plafondstuk zijn beschilderd met weelderige taferelen van bloemen, vogels en fantasiegebouwen door Dirk Dalens III en Anthonie Elliger. Ja, hier heerst het rijke, warme stadspaleizengevoel weer volop sinds de mahoniehouten lam-

GRANDEUR

The stately stairway on the canal side is striking, as is the large white marble hall and the corridor, lined with pale green doors on either side and ending in a wide staircase decorated with Louis XIV woodcarving. The first impression is one of unmistakable grandeur. But appearances can be deceiving: the green doors on the left side of the corridor don't open onto enormous rooms – they're nothing but false doors with nothing behind them. This was a common visual trick used to make it seem as if the owner had a double canal house. The rooms on the right-hand side are real and include the distinguished front room on the canal and the dining room where the family ate by candlelight. These rooms have been beautifully preserved, and feature antique fireplaces, gilded mirrors with weathered glass, elaborate woodcarving, and stucco features.

THE NEW 'REAR HOUSE'

We move on to the rear part of the building, which was built later. Here is the great hall, which was used for receptions. The walls and ceiling were painted by Dirk Dalens III and Anthony Elliger, who covered them in op-

ulent scenes of flowers, birds, and fantastical buildings. Ethereal creatures gaze upon the poetic mural landscapes from their clouds on the ceiling. The mahogany panelling has been repainted in its original colour, infusing the room with a rich, warm feel of a palatial city home. This feeling of luxury is heightened by the deep red glow of the beautiful Deventer carpet.

KITCHEN MAIDS AND FOOTMEN

Stairs carry us down into the kitchen, stairs that were used by kitchen maids and footmen many times a day, their arms full of clothes to be ironed or silverware to be polished. The white tiles and kitchen counters are brightened up by the blue and white dishes and plates neatly lined up in the cabinets. The warm heart of the house once beat here. There must have been a great deal of gossiping in the long corridor between the kitchen at the rear and the servants' quarters on the canal side.

Despite how fine and comfortable the house was, the last descendant of the Van Brienen family didn't spend much time here. Baroness Angélique van Brienen, Princesse d'Hénin (1833–1921), was married to a French prince and primarily lived in their palace in France, only coming here at Christmas time. Sometimes the baroness rented this house out: the fairytale writer Hans Christian Andersen seems to have stayed here in 1868. In 1933 the Van Brienen family donated the house to the Hendrick de Keyser Society, which now cares for the building.

MONUMENTS FOR RENT

The Hendrick de Keyser Society owns 430 houses in the Netherlands and rents some of them out as holiday homes. Would you like to sleep in a real box-bed, in an old water tower, an almshouse, or a summer house in the dunes? With Monument & Bed you can!
Website: monumentenbed.nl

briseringen in oorspronkelijke kleur werd geschilderd. Dat gevoel wordt versterkt door de warme donkerrode gloed van het prachtige Deventer tapijt, en natuurlijk de etherische wezens die vanaf hun wolk in het plafond toekijken op de poëtische landschappen van de wandschilderingen.

KEUKENMEIDEN EN KNECHTEN

We gaan de trap af die keukenmeiden en knechten in hun dienstkleding vele malen per dag beklommen. Hun armen vol met strijk- en verstelgoed, zilver of herenlaarzen om te poetsen. De witte tegels en het aanrecht zijn spic en span en de tinnen en blauwwitte schalen en borden staan keurig op een rij in de kasten. Ooit klopte hier het warme hart van het huis. In de lange gang tussen de keuken aan de achterkant en de knechtenkamer aan de grachtenkant zal vast heel wat geroddeld zijn.

Hoe mooi en comfortabel het huis ook was, de laatste telg van de familie Van Brienen kwam er niet vaak. Rijk als ze was – en getrouwd met een Franse prins – had ze een ander paleis om in te verblijven. Soms verhuurde ze het huis. Zo schijnt sprookjesschrijver Hans Christian Andersen er in 1868 gelogeerd te hebben. Die laatste bewoonster en eigenaresse was barones Angélique van Brienen, princesse d'Hénin (1833-1921). Zij kwam hier alleen met de kerstdagen. In 1933 schonk de familie het huis aan Vereniging Hendrick de Keyser, die het nu beheert.

MONUMENTEN TE HUUR

Vereniging Hendrick de Keyser bezit 430 huizen in Nederland. Sommige daarvan verhuren zij als vakantiehuis. Slapen in een heuse bedstede, een oude watertoren, een proveniershuis of een zomerhuis in de duinen? Het kan via Monument & Bed: http://monumentenbed.nl.

MUSEUM
WILLET-HOLTHUYSEN

- ⚲ Herengracht 605
- ☎ 020 - 523 18 70
- 🕐 Dagelijks van 10.00-17.00 uur
- € Entree volwassenen: €12,50
- ➘ www.willetholthuysen.nl

- ⚲ Herengracht 605
- ☎ +31 (0)20-523 18 22
- 🕐 Daily from 10 AM to 5 PM
- € Entrance for adults: €12,50
- ➘ www.willetholthuysen.nl/en

MUSEUM
WILLET-HOLTHUYSEN

BRAM EN LOUISA, DE TRENDSETTERS

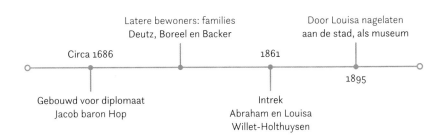

Latere bewoners: families
Deutz, Boreel en Backer

Door Louisa nagelaten
aan de stad, als museum

Circa 1686

1861

Gebouwd voor diplomaat
Jacob baron Hop

1895

Intrek
Abraham en Louisa
Willet-Holthuysen

BRAM AND LOUISA, UNHAPPY TRENDSETTERS

THE HOUSE

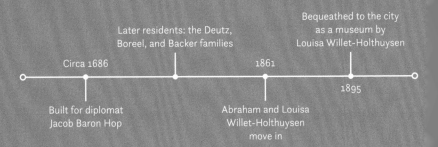

Later residents: the Deutz,
Boreel, and Backer families

Bequeathed to the city
as a museum by
Louisa Willet-Holthuysen

Circa 1686

1861

Built for diplomat
Jacob Baron Hop

1895

Abraham and Louisa
Willet-Holthuysen
move in

ONPERSOONLIJKE HERINNERINGEN

Schrijver Frans Coenen (1866-1939) woonde jarenlang als huisbewaarder in het grachtenhuis. Hij schreef hier de sleutelroman 'Onpersoonlijke herinneringen' over de laatste bewoners: Bram en Louisa. Het verhaal is gebaseerd op de minutieuze verslagen van reizen door Europa van Louisa, eerst met haar ouders, en later met Bram. Ze trouwden na de dood van Louisa's vader, ze waren beiden al 36. Louisa's vader, een rijke koopman, vond de bohémien Bram, die alleen maar kunst verzamelde, geen goede partij. Als het boek een beetje klopt, waren ze allebei nogal apart en was het geen gelukkig huwelijk. Ze kregen geen kinderen. Louisa sleet haar laatste jaren vereenzaamd te midden van haar katten. Dit alles volgens schrijver Frans Coenen, die geen vrolijk beeld van het echtpaar schetst in zijn roman.

IMPERSONAL MEMORIES

The author Frans Coenen (1866–1939) lived in this canal house as its caretaker for many years. Here he wrote the roman à clef *Onpersoonlijke Herinneringen* ('Impersonal Memories') about the house's last residents, Bram and Louisa Willet-Holthuysen. The story is based on Louisa's detailed accounts of her travels throughout Europe, first with her parents and later with Bram. The couple waited to marry until after the death of Louisa's father, a wealthy merchant, because he didn't find Bram, who only collected art, a good match for his daughter. If the book is an accurate depiction of the couple, they were both rather eccentric and the marriage was not a happy one. Bram and Louisa didn't have any children, and Louisa spent the last years of her life as a lonely old woman surrounded by her cats. This is all according to Frans Coenen, who did not paint a happy picture of the couple in his novel.

Abraham (Bram) Willet and Louisa Holthuysen moved to this house around 1861, reportedly paying for it with an inheritance Louisa had received from her uncle. They were an unconventional couple for the time: childless, fabulously wealthy, travel-loving art collectors who often brought their many pets with them on their journeys. They were among the first Amsterdam residents to decorate their city palace in the opulent Louis XVI Revival style.

We enter the house museum via the kitchen in the basement. Here Willem Götze, Bram and Louisa's personal chef, ruled over the kitchen staff. Bram and Louisa had many servants; in addition to the kitchen staff there were housekeepers, maids, ladies-in-waiting, and butlers at the servants' table in the warm yellow kitchen, by the fire in the large fireplace. There was even love that blossomed, between chef Willem and a maid named Anna Katharina Schmidt: they married in 1881 and named their son after Abraham.

TWELVE-COURSE DINNERS IN THE DINING ROOM

The staff served meals in the dining room on the first floor, where the table is festively laid with Louisa's 275-piece Meissen dinner service, large enough for 24 people. Twelve-course dinners were quite normal in Bram and Louisa's world. The menus might have featured turtle soup, turkey with truffles, eels in aspic, capons, or sweetbreads with petit pois, with pralines and candied fruits to follow. On display are gleaming silver candlesticks, ornamental mounts, and chestnut vases that Louisa received as wedding presents. From the wall, portraits of Bram's parents keep watch over the guests gathered beneath the chandelier.

BALLROOM

On the other side of the hallway, soft piano music trickles out of the shadowy ballroom, which is lit almost exclusively by (imitation) candlelight. When Bram and Louisa came to live in this house, they filled it with made-to-measure carpets and tapestries, and expensive, luxurious furniture, all in the latest fashions. The ballroom was the couple's most prestigious room: they had it completely refurbished in the Louis XVI Revival style. It was then embellished with a richly decorated hearth, blue velvet curtains, and gilded

Abraham (Bram) Willet en Louisa Holthuysen verhuisden rond 1861 naar dit huis. Naar verluidt betaald uit een erfenis die Louisa van haar oom kreeg. Het was een bijzonder echtpaar: kinderloze, steenrijke en reislustige kunstverzamelaars met veel huisdieren (die vaak mee op reis gingen). Ze lieten als een van de eersten in Amsterdam hun stadspaleis omtoveren in de weelderige neo Louis XVI-stijl.

Net als de slager en de bakker in vroeger tijden, komen we binnen via de keuken en de bijkeuken in het souterrain. Hier zwaaide Willem Götze, de privékok van Bram en Louisa, de scepter over de keukenstaf. Bram en Louisa hadden veel personeel. Naast de keukenstaf zaten ook dienstbodes, kameniers, gezelschapsdames en huisknechten hier in de warm gele keuken aan de personeelseettafel, bij het vuur in de grote schouw. Het is alsof Willem hier gisteren nog in de potten roerde en de beste flessen uit de wijnkelder selecteerde. Rond die tijd sloeg, tussen de vele gerechten, de vonk over tussen kok Willem en kamenier Anna Katharina Schmidt. Ze trouwden in 1881 en vernoemden hun zoon naar Abraham.

TWAALFGANGENDINERS IN DE EETKAMER

Het personeel serveerde de gerechten in de eetkamer op de bel-etage, waar de tafel feestelijk gedekt is met Louisa's Meissen-servies (275-delig, geschikt voor 24 personen). In de wereld van Bram en Louisa waren diners van twaalf gangen vrij gebruikelijk. Op het menu stonden bijvoorbeeld schildpadsoep, kalkoen met truffel, paling in aspic, kapoenen en zwezerik met erwtjes. En pralines en gekonfijte vruchten toe. Midden op tafel staat het 'pièce de milieu', dat voor elk diner kunstig werd opgemaakt met verse bloemen, vruchten of zoete lekkernijen. De glimmende zilveren kandelaars, opzetstukken en kastanjevazen kreeg Louisa als huwelijkscadeau. Vanaf de wand houden portretten van Brams ouders toezicht op de dis onder de kroonluchter.

BALZAAL

Aan de andere kant van de gang klinkt zachte pianomuziek uit de donkere balzaal, die bijna alleen verlicht wordt door (imitatie)kaarslicht van de kandelaars en kroonluchter. Toen Bram en Louisa hier kwamen wonen, lieten

ze zich echt gaan en vulden ze hun huis met op maat gemaakte vloer- en wandtapijten en dure, luxueuze meubelen, alles volgens de laatste mode. De balzaal is de pronkzaal van het echtpaar, ze lieten hem in 1861 helemaal opnieuw inrichten in neo Louis XVI-stijl. De balzaal werd toen verfraaid met een rijkversierde schouw, blauwe fluwelen gordijnen en vergulde elementen en kreeg zo de gewenste, goudgerande grandeur waarin ze naar hartenlust bal masqués, literaire avonden en muziekavonden konden organiseren.

BRAMS HERENSALON

Bram en Louisa hadden ook elk een eigen kamer om gasten te ontvangen. Bram deed dat in de herenkamer, die in zijn tijd in het groen was ingericht, maar nu blauw met goud is. Zijn schilderijenverzameling sierde de wanden, waaronder veel landschappen (daar was Louisa dol op) en schilderijen van hun talrijke honden en katten. Aan de grote tafel middenin de kamer hield hij regelmatig kunstbeschouwingen met zijn kunstvrienden en liet hij vol trots zijn verzameling tekeningen, prenten en foto's zien. Ongetwijfeld zijn er eindeloos veel dikke wolken van sigarenrook van de kunstvrienden naar het plafond geblazen. Gelukkig is de prachtige plafondschildering 'de dageraad' van Jacob de Wit (1744) pas later aangebracht.

elements, giving it the desired gilt-edged grandeur in which they could organise endless bals masqués, literary evenings, and musical gatherings.

BRAM'S GENTLEMEN'S PARLOUR

Bram and Louisa each had their own room to receive guests. For Bram this was the gentlemen's parlour, which was decorated in green in his time, but is now blue and gold. His collection of paintings adorned the walls, including many landscapes (which Louisa loved) and paintings of their numerous dogs and cats. At the large table in the middle of the room, he regularly held art appreciation evenings with his artistic friends, and proudly showed off his collection of drawings, prints, and photographs. Clouds of cigar smoke were undoubtedly blown towards the ceiling by the gentlemen gathered there – fortunately, the beautiful ceiling mural *Dawn* (1744) by Jacob de Wit was only later installed in the house!

LOUISA'S LADIES' SALON

Louisa received brief visits in the afternoon in her ladies' salon, as was the custom in her social milieu. The salon is decorated in yellow and purple

LOUISA'S DAMESSALON

Louisa op haar beurt ontving, geheel volgens haar stand, korte visites tussen halfdrie en vijf uur in haar damessalon. Die was ingericht in geel met paars en, net als de meeste kamers op de bel-etage, in Louis xvi-stijl. Hier kwam het personeel de visitekaartjes van het bezoek brengen en liet de visite binnen. Daarna volgde er een theeceremonie aan de tafel die gedekt was met zilver en fijn porselein. De bediendes draafden af en aan met theestoven en komfoortjes om de kostbare drank op de juiste temperatuur te serveren.

Ook de gangen en het trappenhuis in dit huis zijn trouwens prachtig: veel marmer, verguld smeedwerk en zachte tapijten uit Deventer. Aan de wanden pronken beelden, zoals Venus die uit haar schelp komt, en grote wandpanelen van de Franse decoratieschilder Colin.

DE ECHTELIJKE SPONDE EN MEER

Op de tweede etage is de echtelijke sponde. Een donker houten bed dat weliswaar niet origineel is, maar wel uit de 19e eeuw stamt. Het is voorzien van hagelwitte lakens en zware gordijnen rondom, voor de nodige privacy. Hier zat Louisa voor haar kaptafel en hielp het huispersoneel haar en Bram om in de juiste outfit voor de volgende sociale gelegenheid te verschijnen. Bram schijnt een dandy te zijn geweest, een 'bohème doré' die veel aandacht aan

and in the Louis XVI Revival style, like most of the rooms on the first floor. Louisa's servants would deliver the visiting cards of Louisa's guests before showing them in. The ladies would then engage in a 'tea ceremony' at the table, which was laid with silver and fine porcelain. Maids hurried to and fro with tea warmers and chafing dishes to serve the expensive drink at the precise temperature.

The staircase and the corridors feature an abundance of marble, gilded ironwork, and soft carpets from Deventer. The walls are covered in numerous large wall panels by the French decorative painter Alfred Colin.

THE BEDROOM

On the second floor is the master bedroom, which contains the nuptial bed, a large, wooden canopy bed from the 19th century. It has heavy curtains around it for the necessary privacy. In this room, the household staff helped Louisa and Bram to dress impeccably for their many social occasions. Bram seems to have been something of a dandy who paid as much attention to his appearance as he did to his art collection. He had an 'an-

tiques room' on this floor to house his collection – a mini-museum where he had antique stained-glass windows fitted into the window frames, and glass, silver, and ivory objects can still be seen. It's not surprising he paid so much attention to his art collection: it was said that Bram and Louisa both preferred collecting, as well as parties, travel, and animals, to each other.

COUNTLESS CATS AND DOGS

On the upper floor we can wander further through the display where we see Bram's bookcase (yes, he also collected books). Here, too, are many paintings, in which we recognise Bram's pointed head everywhere among portraits of countless cats and dogs. Very occasionally a deceased pet was stuffed and mounted, but usually a beautiful painting was made to commemorate the animal. Louisa spent the last years of her life as a widow, surrounded by an enormous population of cats. When she died in 1895, her will gave the building to the city of Amsterdam with the intention that it should be a museum. Chef Willem and his wife Anna also received a sizeable inheritance.

Tip: At Christmas, the Willet-Holthuysen House is always transformed into a festive fairytale canal-side scene.

zijn uiterlijk en zijn kunst besteedde. Als rasverzamelaar had hij op slaapetage ook nog een 'antiekkamertje', een minimuseum waar nu nog kleine voorwerpen van glas, zilver en ivoor te zien zijn. Hij liet hier in de ramen antieke
glas-in-loodramen aanbrengen. Naar verluidt hadden Bram en Louisa meer
op met feesten, reizen, dieren en verzamelen dan met elkaar.

HEEL VEEL KATTEN EN HONDEN

We dwalen op de bovenetage nog even door de uitstalling waar we onder
andere boekenkasten van Bram zien (ja, hij verzamelde ook boeken). Ook
hier weer de nodige schilderijen, waarop we het spitse koppie van Bram
overal herkennen tussen de afbeeldingen van helaas overleden katten en
honden. Heel soms werd de overleden Figaro, Cesar, Simiertje of Minetje
opgezet, maar meestal werd er een mooi schilderij gemaakt. De laatste
jaren van haar leven bracht Louisa – inmiddels weduwe – door met een
enorme kattenpopulatie. Ze liet na haar dood in 1895 het pand na aan de
stad Amsterdam met de bedoeling er een museum van te maken. Ook kok
Willem en zijn vrouw Anna kregen een flinke erfenis.

*Tip: het museum tovert het huis met Kerstmis altijd om in een sprookjes-
kerst aan de gracht!*

HUIS BARTOLOTTI

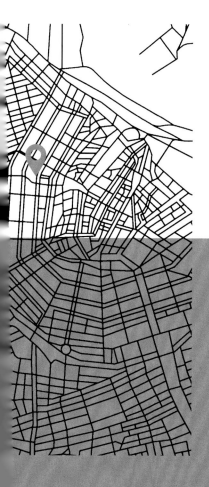

📍 Herengracht 170
📞 020-521 06 30
🕐 Do t/m za 10.00 - 16.00 uur
   zo 12.00 - 16.00 uur
€ Entree: €8,- (geen Museumkaart)
🖱 www.museumhuizen.nl/nl/huis-bartolotti

📍 Herengracht 170
📞 +31 (0)20-521 06 30
🕐 Thursday - Saturday 10 AM to 4 PM
   Sunday 12 AM to 4 PM
€ Entrance: €8 (no Museumkaart)
🖱 www.museumhuizen.nl/en/
   bartolotti-house

BARTOLOTTI HOUSE

GRACHTENHUIS MET BUNKER IN DE TUIN

HET HUIS

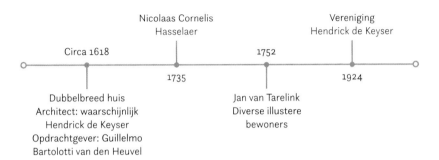

Nicolaas Cornelis
Hasselaer

Vereniging
Hendrick de Keyser

Circa 1618

1752

1735

1924

Dubbelbreed huis
Architect: waarschijnlijk
Hendrick de Keyser
Opdrachtgever: Guillelmo
Bartolotti van den Heuvel

Jan van Tarelink
Diverse illustere
bewoners

CANAL HOUSE WITH A BUNKER IN THE GARDEN

THE HOUSE

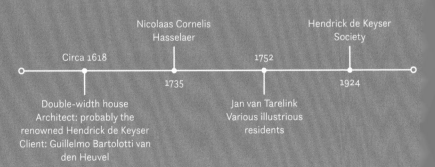

Nicolaas Cornelis
Hasselaer

Hendrick de Keyser
Society

Circa 1618

1752

1735

1924

Double-width house
Architect: probably the
renowned Hendrick de Keyser
Client: Guillelmo Bartolotti van
den Heuvel

Jan van Tarelink
Various illustrious
residents

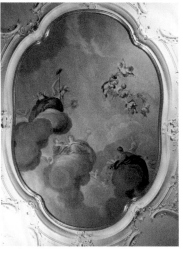

GUILLELMO BARTOLOTTI

Eigenlijk heette hij gewoon Willem van den Heuvel (1560-1634). Hij werd al jong wees, waarna zijn oom, de rijke Italiaanse edelman Giovanni Battista Bartolotti, zorgde voor zijn opleiding en opvoeding. Oom Giovanni leerde hem waarschijnlijk de geheimen van de koophandel in Hamburg, waar de protestantse familie om godsdienstige redenen heen was gevlucht. Toen zijn oom kinderloos stierf, liet hij zijn enorme fortuin na aan neef Willem. Op één voorwaarde: dat Willem de naam Bartolotti zou aannemen. Die keuze was vast niet moeilijk: Willem van den Heuvel werd Guillelmo Bartolotti van den Heuvel.

Koopman en bankier Guillelmo werd extreem rijk door de handel in graan, huiden, hout, zout, wapentuig en meer. Hij verhuisde waarschijnlijk rond 1609 met zijn tweede vrouw Margaretha en hun kinderen naar Nederland, waar de adembenemende kansen van de Gouden Eeuw lonkten.

GUILLELMO BARTOLOTTI

Bartolotti's original name was actually plain old Willem van den Heuvel (1560–1634). Orphaned at a young age, Willem was taken under the wing of the wealthy Italian aristocrat Giovanni Battista Bartolotti, who took care of his education and upbringing. Uncle Giovanni probably taught Willem the secrets of commerce in Hamburg, Germany, where the Protestant family had fled for religious reasons. When Giovanni died without an heir, he left his vast fortune to his nephew Willem. On one condition: that Willem take the name Bartolotti. It couldn't have been a difficult decision, and Willem van den Heuvel became Guillelmo Bartolotti van den Heuvel.

As a merchant and a banker, Guillelmo grew extremely rich through trading in grain, hides, wood, salt, and weapons. He probably moved to the Netherlands, with his second wife and their children around 1609, lured by the breath-taking opportunities of the Golden Age.

Guillelmo Bartolotti had this house, the most impressive in Amsterdam (at the time), built around 1618–20, in a curve of the newly excavated Herengracht, in the first 'Golden Bend', the most prestigious and fashionable location on the canal. It still stands proudly here on the canal between the other, more sober canal houses. Bartolotti's boldly designed house mixes Dutch Renaissance and Italian exuberance in natural stone and brick, and is enlivened with ornaments from Greek and Roman antiquity.

Due to its many residents and refurbishments, the house is now a wonderful mixture of Renaissance, Rococo, and other period styles. The Amsterdam-based painter Isaac de Moucheron (1667–1744) created the magnificent period interiors and Jacob de Wit is responsible for the painted ceilings.

The most prestigious room in the house is the salon. Here the fabulously wealthy Guillelmo received many ambassadors, kings, and princes who came to borrow money from the wealthy merchant.

The panelling in the front room is composed of glossy mahogany from Cuba, certain to make an impression on visitors. Walls in other rooms are covered in exquisite gilded leather and tapestries. The furniture that stands here now is not Bartolotti's but belonged to his contemporaries and later residents.

FROM FALSE DOOR TO BUNKER

You have to be careful which door you open in this house – many of them hold unexpected surprises. Some of the doors are purely decorative, a nod to the prevailing taste for symmetry that demanded that every door be mirrored by another. Toilets or cabinets are hidden behind other doors. And the mahogany panels, or the wallpapered doors, may conceal a secret cupboard or the extendable desk at which the master of the house did his bookkeeping. During the Second World War, a mini bunker was even built in the attractive, symmetrical garden, when a German bank was located in the building.

'Ingenio et Assiduo Labore'
(door vernuft en noeste vlijt)

'Religione et Probitate'
(door godsdienst en rechtschapenheid)

Rond 1618 liet Guillelmo Bartolotti dit (destijds) indrukwekkendste huis van Amsterdam bouwen, in de knik van de pas gegraven Herengracht, de eerste 'Gouden Bocht'. Met Italiaanse zwierigheid staat het nog altijd fier aan de gracht, tussen de andere, strengere grachtenpanden. Hier zien we Hollandse renaissance en Italiaanse zwierigheid in natuur- en baksteen, opgevrolijkt door ornamenten uit de Griekse en Romeinse oudheid.

De pronkzaal van het huis is de salon. Hier ontving de steenrijke Guillelmo vele ambassadeurs, koningen en prinsen die geld kwamen lenen als ze de bodem van hun schatkist zagen naderen.

Door de vele bewoners en verbouwingen, waarbij ooit wandschilderingen uit andere grachtenhuizen werden ingepast, is het huis nu een heerlijke mengelmoes van renaissance, rococo en ander stijlen. Voor de magnifieke stijlkamers van zijn stadspaleis maakte Isaac de Moucheron de muurschilderingen en Jacob de Wit tekende voor de plafondschilderingen.

De lambriseringen in de voorkamer zijn van glimmend mahoniehout uit Cuba, heel geschikt om indruk te maken op de bezoekers. Andere kamers hebben exquise goudleer en tapisserie aan de wanden. De meubels die er nu staan, zijn niet van de Bartolotti's, maar van tijdgenoten en latere bewoners.

VAN NEPDEUR TOT BUNKER

Het is uitkijken welke deur je opendoet. Sommige deuren zijn decoratief: er zit niets achter, maar de heersende opvattingen over symmetrie vereisten dat tegenover elke deur een andere deur zat. Desnoods een nepdeur. Achter andere deuren zit een kast verborgen, of een wc. En ook de mahoniehouten panelen, of de deuren met behang erop, kunnen een geheime kast verbergen of het uitschuifbureau waaraan de heer des huizes zijn boekhouding deed.

Saillant detail: in de mooie, geometrische tuin is een mini-bunker gebouwd tijdens de Tweede Wereldoorlog, toen er een Duitse bank in het pand zat.

'Het mooiste huis
in het Amsterdam van 1618'

NA GUILLELMO I

Sinds Guillelmo Bartolotti's Gouden Eeuw is er veel veranderd in het huis. Zoon Guillemo II maakt van het bedrijf van zijn vader een van de grootste bankiershuizen van Amsterdam. Maar kleinzoon Jan Baptista liquideert de hele zaak van zijn grootvader om te gaan rentenieren. Het huis werd rond 1735 verkocht aan Nicolaas Hasselaer. Over hem gaat het verhaal dat hij zijn vrouw, burgemeestersdochter Anna, met de knecht in bed betrapte. Hij vroeg echtscheiding, deed zijn vrouw Anna in het verbeterhuis en verkocht het huis in 1752 aan de familie Tarelink. Daarna volgde een serie illustere bewoners, met als laatste de klavecinist Gustav Leonhardt, die er woonde tot zijn dood in 2012.

'The most impressive house
in Amsterdam in 1618'

AFTER GUILLELMO I

Much has changed since Guillelmo Bartolotti had this house built during the Dutch Golden Age. His son Guillelmo II turned his father's business into one of the largest banking houses in Amsterdam, but his grandson Jan Baptista liquidated the whole of his grandfather's company in order to become an investor.

The house was sold to Nicolaas Cornelis Hasselaer around 1735. The story goes that Nicolaas caught his wife, Anna Divera Kick Pancras, in bed with the footman. He filed for divorce, packed Anna off to the reformatory, and sold the house to the Van Tarelink family in 1752. Jan van Tarelink, a wealthy ship owner, added a large annex to the building, including the house's ornate Rococo hall.

Numerous illustrious residents followed, the last of whom was the harpsichordist Gustav Leonhardt, who lived here until his death in 2012.

KATTENKABINET

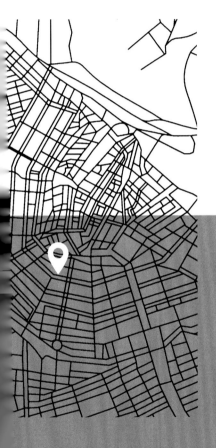

- 📍 Herengracht 497
- 📞 020-626 90 40
- 🕐 Dinsdag t/m zondag 12.00-17.00 uur
- € Entree volwassenen: €10,-
  (geen Museumkaart)
- 🖱 www.kattenkabinet.nl

- 📍 Herengracht 497
- 📞 +31 (0)20-626 90 40
- 🕐 Tuesday to Sunday 12 AM to 17 PM
- € Entrance for adults: €10
  (no Museumkaart)
- 🖱 www.kattenkabinet.nl

THE CAT CABINET

VAN GRACHTENHUIS TOT KATTENTHUIS

HET HUIS

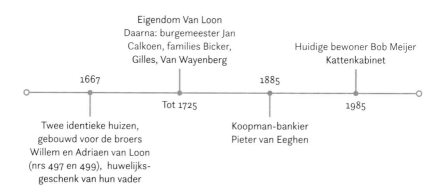

Eigendom Van Loon
Daarna: burgemeester Jan
Calkoen, families Bicker,
Gilles, Van Wayenberg

Huidige bewoner Bob Meijer
Kattenkabinet

1667   1885

Tot 1725   1985

Twee identieke huizen,
gebouwd voor de broers
Willem en Adriaen van Loon
(nrs 497 en 499), huwelijksgeschenk van hun vader

Koopman-bankier
Pieter van Eeghen

FROM A MANSION TO A HOUSE FOR CATS

THE HOUSE

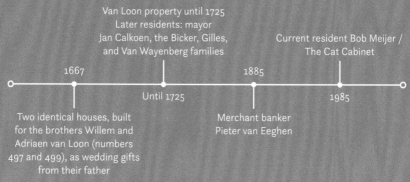

Van Loon property until 1725
Later residents: mayor
Jan Calkoen, the Bicker, Gilles,
and Van Wayenberg families

Current resident Bob Meijer /
The Cat Cabinet

1667   1885

Until 1725   1985

Two identical houses, built
for the brothers Willem and
Adriaen van Loon (numbers
497 and 499), as wedding gifts
from their father

Merchant banker
Pieter van Eeghen

88

HET HUIS

De broers Willem (1633-1695) en Adriaen van Loon (1631-1722) samen met hun echtgenotes Catharina en Cornelia, kregen de twee (toen nog) identieke huizen in de 17^e eeuw als huwelijksgeschenk.

Helemaal volgens familietraditie werd Willem VOC-bewindhebber en burgemeester en Adriaen commissaris van de Wisselbank.

Later woonde hier burgemeester Jan Calkoen. En John Adams, op zoek naar geld voor de Amerikaanse onafhankelijkheidsstrijd, was hier ooit te gast. Geen van hen kon vermoeden dat het uiteindelijk een kattenmuseum zou worden.

THE HOUSE

The brothers Willem (1633–1695) and Adriaen van Loon (1631–1722), together with their wives Catharina and Cornelia, received the (then) identical houses as wedding gifts in the 17th century.

In the Van Loon family tradition, Willem became a director of the Dutch East India Company (VOC) and mayor of Amsterdam, and Adriaen became commissioner of the Exchange Bank.

Another mayor, Jan Calkoen, later lived at this address. And John Adams, future president of the United States, once stayed as a guest here when he was soliciting funds for the American War of Independence. It's likely none of these previous residents and visitors would have suspected that the building would eventually become a cat museum!

As its name implies, the Cat Cabinet is a museum dedicated entirely to work about cats. Cat lovers will be in heaven with so many cat-themed artworks in one place: paintings, posters, drawings, bronzes, and even antique fans with images of cats. There is literally not a centimetre of space without cats to be found, including the handful of living cats who call this museum home.

THE CAT IN ART

The Cat Cabinet was founded in memory of John Pierpont Morgan (1966–1983). Not the well-known American investment banker: this Morgan was a red tomcat that belonged to venture capital entrepreneur Bob Meijer. Morgan must have lived a charmed life, because every year he was given an artwork by his owner Bob: a Picasso or a Corneille, or a portrait of the cat himself. There is even a dollar bill bearing his image. The collection of celebrated cat paintings and drawings on view in the Cat Cabinet came together in this way, with the addition of (feline) works by many artists, including Carel Willink, and master art forger Han van Meegeren. Ed van der Elsken photographed his cats, and famous writers, such as W.F. Hermans, Remco Campert, and Hugo Claus, pay literary tribute to their cats here too.

CATS IN THE BALLROOM

The most fortunate cat residents probably spend their time in the original ballroom, a spacious room with wall sconces and 17th-century ceiling paintings, decorated in red and gold and dominated by Le Chat Noir. Declarations of cat love by poets Simon Vinkenoog and Rudy Kousbroek are written on the mirrors in the room. But other rooms in the house are just as feline-friendly – the music room with its painted ceiling, or the Mechelen room, which was designed by former resident Pieter van Eeghen. This room is furnished as it was in 1886, with beautiful wallpaper and Cuban mahogany panelling, plus the addition of lots of cats, etched by Rembrandt and Picasso and painted by Henriëtte Ronner-Knip and Sal Meijer, a Dutch artist known for his paintings of cats.

In the Green Room an ode to the cat by Hugo Claus is written on the mirror, while a young W.F. Hermans and his cat look down on us photogenically.

In the adjacent anteroom two cats are sleeping peacefully on the sofa. This is clearly their domain, and in the corner, we find the inevitable litter tray. These are quite lucky cats, who get to live amongst the paintings, old ornaments, and decorated ceilings, as if it's the most natural thing in the world.

Natuurlijk worden we bij binnenkomst begroet door een schattige witte kater die gezellig meeloopt naar het museum op de bel-etage. Kattenliefhebbers kunnen alleen maar dromen van zo veel katten bij elkaar: schilderijen, posters, tekeningen, bronzen of aardewerken beelden en zelfs antieke waaiers met kattentekeningen. Er is werkelijk geen centimeter zonder katten te vinden.

KAT IN DE KUNST

Het Kattenkabinet werd opgericht ter nagedachtenis aan John Pierpont Morgan (1966-1983). Dat klinkt als een Amerikaanse zakenbankier, maar deze Morgan was de rode kater van venture capital ondernemer Bob Meijer. Morgan moet een gelukkig kattenleven hebben gehad, want hij kreeg elk jaar een kunstwerk van zijn baasje Bob: een Picasso of een Corneille, of hij werd zelf geportretteerd. Er is zelfs een dollarbiljet met zijn beeltenis. Zo ontstond de collectie beroemde kattenschilderijen en -tekeningen die hier te zien zijn, aangevuld met (katten)werk van Carel Willink, Sal Meijer en meestervervalser Han van Meegeren. Ed van der Elsken fotografeerde zijn katten natuurlijk en ook andere kunstenaars annex kattenliefhebbers lieten zich niet onbetuigd. Beroemde schrijvers zoals W.F. Hermans, Remco Campert en Hugo Claus brengen hier een eigen literaire ode aan hun kat.

KAT IN DE BALZAAL

De meest fortuinlijke katten vertoeven waarschijnlijk in de originele balzaal, de grote kamer met wandappliques en 17e-eeuwse plafondschilderingen, ingericht in rood met goud en gedomineerd door 'Le Chat Noir'. Op de spiegels staan geschreven liefdesverklaringen aan de kat van Simon Vinkenoog en Rudy Kousbroek. Maar ook de andere katten hebben geen slecht onderkomen in de muziekkamer met plafondschilderingen. Of in de Mechelse kamer, ingericht door bewoner Pieter van Eeghen. De kamer is gemeubileerd zoals in 1886, met prachtig behang, Cubaans mahoniehout en heel veel katten, geëtst door Rembrandt en Picasso, geschilderd door Henriëtte Ronner en Sal Meijer.

In de Groene kamer staat de ode van Hugo Claus aan de kat op de spiegel geschreven, terwijl een jonge W.F. Hermans en zijn kat fotogeniek op ons neerkijken.

In de tussenkamer ernaast liggen twee katten genoeglijk op de bank te slapen. Dit is duidelijk hun domein, in de hoek vinden we de onvermijdelijke kattenbak. Tussen de schilderijen, oude ornamenten en versierde plafonds, voor hen is het de gewoonste zaak van de wereld.

VERBORGEN BLACK HERITAGE

Tussen de patriciërs huizen, de roemruchte 'VOC-mentaliteit' en het genie van Rembrandt, is er nog een andere, meer verborgen geschiedenis van het 17ᵉ-eeuwse Amsterdam. De Black Heritage Tour vaartocht gaat op zoek naar sporen daarvan, langs de huizen waar zwarte bedienden en slaven woonden en werkten, en andere sporen van de Afrikaanse diaspora in Amsterdam.

SPOORZOEKEN

Die sporen zijn maar zelden op papier gezet. Met uitzondering natuurlijk van de beroemde tekening van de 100-jarige Susanna Dumion. De enige bekende zwarte gemeenschap woonde ooit in Rembrandts buurt, dat waren de zwarte bedienden van gevluchte Portugese joden. Verder is het

Amsterdam's history is not limited to precious canal houses, the famous United East India Company (VOC) or Rembrandt, our resident genius. There is another, hidden, history of the of 17th century Amsterdam. The Black Heritage boat tour in the city center is retracing the lives and work of black servants and slaves and of the VOC.

TRACES

Those traces are hardly ever on paper. Except maybe the famous drawing of Susanna Dumion at her 100th birthday. The only known black community was near Rembrandts house, where fugitive Portuguese jews lived with their black staff. Retracing the black heritage is a matter of looking in a different way at the 17th century coats of arms, buildings and the facing bricks of canal houses. For instance, at the well-known 'house with the

A HIDDEN BLACK HERITAGE

vooral een kwestie van anders kijken naar de familiewapens en gebouwen uit de 17e eeuw en omhoogkijken naar de oude gevelstenen. Bijvoorbeeld naar het bekende 'huis met de moren' aan de Herengracht 514, of naar het huis van admiraal Tromp, die zelf op de gevel staat afgebeeld met een zwart jongetje naast zich (Oudezijds Voorburgwal 136).

We varen langs de Oude Kerk, waar op begraafplaats slechts één van de 20.000 graven van een niet-witte Amsterdammer is: Jacob Matroos Beeldsnyder, kind van de gouverneur van Suriname en zijn slavin.

Natuurlijk voert de tocht ook langs het Scheepvaartmuseum, vroeger de admiraliteit, en het VOC-schip (replica). Want de slavernijgeschiedenis heeft alles te maken met handel en vrachtschepen die soms werden omgebouwd om slaven te vervoeren.

Een bijzondere ontdekkingstocht langs vele symbolen en sporen van black heritage die er altijd al waren.

Reguliere tours in het weekend, private tours op afspraak.
Informatie: Jennifer Tosch (06-21322299) of e-mail info@blackheritagetours.com / www.blackheritagetours.com.

moors' at Herengracht 514, or at admiral Tromps house, whose image is shown together with a young black boy on the front (Oudezijds Voorburgwal 136).

We pass the Oude Kerk, where only one of the 20.000 Amsterdammers buried there is non-white: Jacob Matroos Beeldsnyder, son of the Surinam governor and his slave. Of course we also pass the Shipping Museum and the replica VOC-ship. Because the slavery history is closely linked to trade and freight ships remodeled to transport slaves.

It is a very special tour, this search for symbols and traces hidden in plain sight.

Regular tours on weekends, private tours on demand.
Information: Jennifer Tosch (06-21322299) or email info@blackheritagetours.com / www.blackheritagetours.com.

SUSANNA DUMION.
Geboren te Surinamen
Overl. te Haarlem den 12 Nov. 1818.
In den Ouderdom van 105 Jaren.

SCHUILKERKEN
EN
POPPENHUIZEN

CLANDESTINE
CHURCHES AND
DOLLS' HOUSES

MUSEUM ONS' LIEVE HEER OP SOLDER

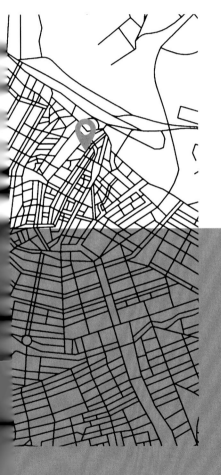

📍 Oudezijds Voorburgwal 40
📞 020-624 66 04
🕐 Dinsdag t/m zaterdag 10.00 -17.00 uur,
   zondag 13.00-17.00 uur
   Entree volwassenen: €15,50
€ www.opsolder.nl

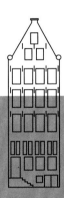

📍 Oudezijds Voorburgwal 40
📞 +31 (0)20-624 66 04
🕐 Tuesday to Saturday 10 AM to 5 PM,
   Sundays 1 PM to 5 PM
€ Entrance for adults: €15,50
↖ www.opsolder.nl

MUSEUM ONS' LIEVE HEER OP SOLDER

SCHUILKERK:
DE STEM VAN TOLERANTIE

HET HUIS

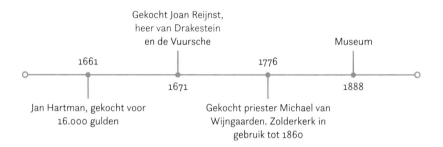

Gekocht Joan Reijnst,
heer van Drakestein
en de Vuursche

Museum

1661

1776

Jan Hartman, gekocht voor
16.000 gulden

1671

Gekocht priester Michael van
Wijngaarden. Zolderkerk in
gebruik tot 1860

1888

CLANDESTINE CHURCH:
THE VOICE OF TOLERANCE

THE HOUSE

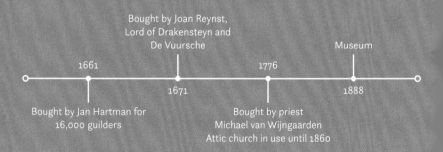

Bought by Joan Reynst,
Lord of Drakensteyn and
De Vuursche

Museum

1661

1776

Bought by Jan Hartman for
16,000 guilders

1671

Bought by priest
Michael van Wijngaarden
Attic church in use until 1860

1888

HOUSE WITH A CHURCH IN THE ATTIC

In 1661 Jan Hartman had this house and two buildings in the alley behind it rebuilt. He lived here with his wife Elisabeth and their children. Jan had a house church built in the attic, which extended into the houses in the alley. He rented the alley houses to the Augustinian priest Petrus Parmentier and his 'spiritual maidens'. Parmentier, who hoped to 'win souls' for Catholicism, celebrated mass in the attic church. Jan was not able to enjoy his impressive house for long, as he died in 1668 at the age of 49. But the house and the attic church are still here in all their glory, and the church was in use until around 1860.

HUIS MET ZOLDERKERK

Jan Hartman liet in 1661 dit huis met twee achterliggende steegpandjes verbouwen. Hij woonde hier met zijn vrouw Elisabeth en hun kinderen. Op zolder liet hij, doorlopend over de twee steegpandjes, een huiskerk bouwen.

De steegwoninkjes verhuurde Jan aan de Augustijner priester Petrus Parmentier en zijn geestelijke maagden. Parmentier moest katholieke zieltjes winnen en droeg in de zolderkerk de mis op. Helaas kon Jan maar kort genieten van zijn indrukwekkende huis, hij overleed in 1668 op 49-jarige leeftijd. Maar huis en zolderkerk bestaan nog in volle glorie, de kerk was tot ongeveer 1860 in gebruik.

Katholieke huiskerken of schuilkerken, verstopt achter gewone gevels, waren in het 17ᵉ-eeuwse Amsterdam normaal. De protestantse overheid wist ervan, maar zolang de kerken niet van buitenaf te zien waren, werden ze naar goed Hollands gebruik gedoogd. De compleet ingerichte kerk op zolder is nog altijd één van de mooiste verrassingen van oud-Amsterdam.

VAN SAEL TOT SECREET

Jan Hartman (1619-1668) was een katholieke bakkersgezel uit Coesfeld, Duitsland. Hij werkte zich op tot kousen- en linnenhandelaar en was daarnaast inner van accijnzen op wijn. Zo wist hij een vermogen te vergaren en kon hij zich een riant huis veroorloven. Jan woonde met zijn gezin in de 'daghkamer', met uitzicht op de gracht. Slapen deden ze hier ook, in de bedstede aan de zijkant. Voor het ontvangen van zakenrelaties liet Jan 'Sael' optuigen, zijn zeer deftige kamer met schilderijen, prachtige plafondcassettes en een imposante schouw. Daar laat hij ook een zelfontworpen familiewapen opnemen bestaande uit een hert, een kompas en ketelhaken (haken om een ketel boven het vuur te hangen, ten teken van huisbezitterschap).

Achterin het huis is de keuken waar het houtwerk weer in de originele kleur geschilderd is. De tegeltjes en de koperen pannen glanzen rond de

Catholic house churches or clandestine churches, hidden behind ordinary façades, were quite normal in 17th-century Amsterdam. The Protestant authorities knew of the churches, but as long as they could not be seen from outside, they were tolerated in the typical Dutch way. Yet this fully equipped church in the attic is still one of the biggest surprises of old Amsterdam.

FROM SAEL TO SECREET

Jan Hartman (1619–1668) was a Catholic baker's apprentice from Coesfeld, Germany. He worked his way up to become a trader in hosiery and linen, and collected excise duties on wine. In this way, he built up his assets and was able to buy a large house. Jan lived with his family in the 'day room', with a view of the canal. They slept here too, in the bedstead to the left of the door. Jan had his *sael* (reception room) fitted out to impress the business contacts he received there. It is an extremely stylish room, with fine paintings, a beautiful coffered ceiling, and an imposing fireplace. Here he displayed a family coat of arms (that he designed himself), which consisted of a stag, a compass, and 'kettle hooks' (hooks to hang a kettle above a fire as a symbol of home ownership).

grote haard waar gekookt werd. Helemaal achterin is een deurtje naar het
secreet (wc) en de morskeuken (spoelkeuken).

HUISPRIESTER MET GEESTELIJKE MAAGDEN

Jans huis is via kleine trapjes en sluip-door-kruip-door-gangetjes op on-
verklaarbare wijze verbonden met de twee bijbehorende steegwoningen.
Een daarvan werd voor 250 gulden per jaar verhuurd aan Petrus Parmentier uit Gent, de eerste priester van de zolderkerk. Parmentier (1601-1681)
was missionaris in het protestantse Amsterdam, waar ongeveer een vijfde

At the rear of the house is the kitchen, where the woodwork is painted in
the original colour. The tiles and the copper pans gleam around a large
hearth where the cooking was done. Right at the back is a door to the
secret (toilet) and the *morskeuken* (dishwashing area).

CLANDESTINE CHURCH OR ATTIC CHURCH

Ons' Lieve Heer op Solder is popularly known as a clandestine church
(*schuilkerk*) in the Amsterdam vernacular. 'But that's not entirely correct',
says Thijs Boers, conservator at the Amsterdam Museum. 'It is in fact an
attic church or a house church. Clandestine church implies being hidden
and forbidden, but it was neither of these. This term was introduced in the
late 19th century as a criticism of the Protestants.'

HOUSE PRIEST WITH 'SPIRITUAL MAIDENS'

The main house is connected to two houses in an alley through a compli-
cated network of small staircases and narrow passageways. One of these

houses was rented to Petrus Parmentier, the first priest of the attic church, for 250 guilders per year. Parmentier (1601–1681) was a missionary from Ghent, in Flanders, living in predominantly Protestant Amsterdam, where roughly a fifth of the population was Catholic. He lived in Amsterdam from around 1662 with his curate and his 'spiritual maidens', including Margaretha, Emerentia, Petronella, and Anna van Loon, daughters of the illustrious Amsterdam merchant family. These 'pious daughters' vowed to remain unmarried and to serve the church by caring for the poor and providing education.

Parmentier's house had its own kitchen with the same tiles as as in the main kitchen. The box-bed looks comfortable and the original marble floor is attractive, as is the yellow-green painted woodwork.

PAINTINGS OF THE PASSION AND A WILL

One of the 'spiritual daughters', the extremely wealthy Sybilla Fontein, met the renowned landscape painter Adriaen van de Velde (1636–1672), who had converted to Catholicism, in the secret church. In 1664 Sybilla commissioned him to create five paintings of the Passion of Christ for the church, paying him 250 guilders for his work, almost an annual salary.

Jan Hartman specified in his will that Parmentier could live out his days in the annex house together with his followers. But Jan left so many debts that the house had to be sold. In 1671 it was bought by Joan Reynst, Lord of Drakensteyn and De Vuursche, for 24,000 guilders.

Because the sale of the house left Father Parmentier and his 'maidens' homeless, Jacob van Loon (father of one of the women) arranged for them to move to another house with a clandestine church on the Voorburgwal. The paintings of the Passion went with them. More than three hundred years later, the Passion paintings were 'rediscovered' in the Augustinuskerk in Amsterdam Noord and returned to the clandestine church for which Sybilla Fontein had originally commissioned them.

DEATHBED PORTRAIT?

Like the 17th-century worshippers, we climb the secret stairway to the church. No matter how often we come here, it is always a surprise to discover the beautiful church in the attic, complete with an imposing altarpiece by Jacob de Wit and a richly decorated organ from 1794, built by Hendrik Meijer. Adriaen van de Velde's rediscovered Passion paintings hang in the first gallery. Everything is framed by (imitation) marble columns, galleries, and woodwork painted in an enigmatic, mesmerising purple-pink colour (a colour known at the time as 'dead head'). On a floor below, mustard-yellow doors lead to the original confessional, where a portrait of Father Parmentier hangs on the wall. Take a look at the paint-

van de inwoners nog katholiek was. Hij woonde hier vanaf circa 1662 met zijn hulppriester en zijn geestelijke dochters (geestelijke maagden), waaronder Margaretha, Emerentia, Petronella en Anna van Loon, dochters van de Amsterdamse koopmansfamilie. Deze dochters (ook wel: klopjes) beloofden ongetrouwd te blijven en de kerk te dienen door armenzorg en onderwijs.

Parmentiers huis beschikte over een eigen keuken met dezelfde wandtegels als Jans eigen keuken. De bedstede ziet er comfortabel uit, de originele marmeren vloer is prachtig, net als het groengeel geverfde houtwerk.

PASSIESTUK EN TESTAMENT

Een van de geestelijke dochters, de schatrijke Sybilla Fontein, leerde in de kerk de beroemde landschapsschilder Adriaen van de Velde (1636-1672) kennen die katholiek geworden was. Sybilla gaf hem in 1664 opdracht vijf schilderijen over het lijden van Christus te schilderen voor hun kerk. Hij verdiende er 250 gulden mee, bijna een jaarloon.

Jan Hartman had bij testament vastgelegd dat huispriester Parmentier de rest van zijn leven in dit huis mocht blijven wonen, met zijn volgelingen. Maar Jan liet zo veel schulden na dat het huis verkocht moest worden. In 1671 werd het voor 24.000 gulden gekocht door Joan Reynst, heer van Drakenstein en de Vuursche.

Omdat priester Parmentier en zijn maagden toen dakloos werden, zorgde Jacob van Loon (vader een van de geestelijke dochters) aan de Voorburgwal voor een ander huis met schuilkerk. De passieschilderijen verhuisden mee. *Fast forward* naar ruim driehonderd jaar later: de passieschilderijen werden 'herontdekt' in de Augustinuskerk in Amsterdam-Noord en keren terug naar de schuilkerk waarvoor Sybilla Fontein ze liet maken.

DOODSKOP?

Net als de 17^e-eeuwse gelovigen beklimmen we de geheime trap naar de kerk. Hoe vaak we hier ook komen, het blijft een verrassing om op zolder die prachtige, volledig ingerichte kerk te ontdekken. Compleet met een indrukwekkend altaarstuk van Jacob de Wit en een rijkversierd orgel uit 1794, gebouwd door Hendrik Meijer. De hervonden passieschilderijen van Adriaen van de Velde hangen op de eerste galerij. Alles wordt omlijst door (nep)marmeren zuilen, galerijen en houtwerk geschilderd in een mysterieuze, betoverende paars-roze kleur (die destijds 'doodskop'-kleur heette). Een etage lager geven de mosterdgele deuren toegang tot de originele biechtruimte. Een portret van priester Parmentier hangt aan de muur. Tip voor na het biechten: bekijk dit schilderij eens met opzij gebogen hoofd. Is het inderdaad geschilderd toen hij op zijn doodsbed lag, zoals men beweert?

MEER SCHUILKERKEN

DE PAPEGAAI, WAAR KATHOLIEKEN SCHUILEN

Middenin de Kalverstraat roept de boodschap 'een kwartier voor God' winkelaars op tot een bezoekje. Even zoeken naar de ingang, want het is niet voor niets een voormalige schuilkerk. Jezuïetenpater Augustus van Teylingen stichtte in 1672 deze huiskerk in woonhuis De Papegaai van de familie Bout.

📍 *Heilige Petrus en Pauluskerk (De Papegaai), Kalverstraat 58*
📞 *020-623 18 89*
🕐 *maandag t/m zaterdag 10.00-16.00 uur en zondag 10.00 uur 14.00 uur*
🔗 *www.nicolaas-parochie.nl*

DE RODE HOED, WAAR REMONSTRANTEN SCHUILEN

In 1630 lieten wijnkoper Antoni de Lange en doctor Jan van Hartoghvelt hier de Remonstrantse schuilkerk Vrijburg bouwen in een voormalige hoedenmakerij. Een prachtig gebouw van twee verdiepingen met de allure van een basiliek. In 1989 begon theoloog en dichter Huub Oosterhuis (ja, vader van...) hier een studentenecclesia en discussiecentrum; ook bekend van de televisieshow van Sonja Barend.

📍 *Keizersgracht 102,* 📞 *020-638 56 06,* 🔗 *www.derodehoed.nl*

KAPEL OP HET BEGIJNHOF

Alle kerken werden rond 1578 gedwongen over te gaan naar het protestantse geloof. Behalve het Begijnhof, een katholieke particuliere begijnengemeenschap. Hun kapel moesten ze wel afstaan aan de Engelse Presbyterianen (is nu: de Engelse kerk). Maar aan de overkant bouwde de beroemde grachtenhuisarchitect Philips Vingboons in twee woonhuizen de katholieke schuilkerk H.H. Joannes en de Ursula Kapel (1671).

Kunstenares Gisèle d'Ailly ontwierp in de 20e eeuw de glas-in-loodramen met het Mirakel van Amsterdam.

📍 *Begijnhof 30 (ingang: poort aan het Spui)*
📞 *020-622 19 18*
🔗 *www.nicolaas-parochie.nl*

ing with your head bent to one side: was it painted while he lay on his deathbed, as some have speculated?

MORE CLANDESTINE CHURCHES

THE PARROT, WHERE CATHOLICS HID

In the middle of the busy Kalverstraat shopping street, shoppers are encouraged to visit a former clandestine church that offers 'fifteen minutes for God'. Given its secret history, it's no wonder it takes a little looking for. Jesuit priest Augustus van Teylingen founded this house church in the Bout family's private residence, known as *De Papegaai* (The Parrot), in 1672.

📍 *Heilige Petrus en Pauluskerk (De Papegaai), Kalverstraat 58*
📞 *+31 (0)20-623 18 89*
🕐 *Monday to Saturday 10 AM to 4 PM and Sunday, 9.45 AM to 1:30 PM*
✎ *www.nicolaas-parochie.nl*

DE RODE HOED ('THE RED HAT'),
WHERE REMONSTRANTS HID

In 1630, a wine merchant named Antoni de Lange and a doctor named Jan van Hartoghvelt had the clandestine church Vrijburg built in a former hatter's workshop for members of the Remonstrants movement. It is a beautiful two-storey building with the allure of a basilica. In 1989 theologian and poet Huub Oosterhuis (father of the Dutch singer Trijntje Oosterhuis) started a student congregation and discussion centre in this same location, which is also well known in the Netherlands from Sonja Barend's TV show.

📍 *Keizersgracht 102,* 📞 *+31 (0)20-638 56 06,* ✎ *www.derodehoed.nl*

CHAPEL IN THE BEGIJNHOF

Around 1578, all churches in Amsterdam were forced to convert to the Protestant faith. Except for the Begijnhof, a private Catholic congregation of Beguines, an order of lay Christians. They had to relinquish their chapel to the English Presbyterians (now known as the English Church), but just on the other side of the courtyard, the famous architect Philips Vingboons built the clandestine Catholic H.H. Joannes church and the Ursula Chapel (1671).

The stained-glass windows, which depict the Miracle of Amsterdam, were designed by Gisèle d'Ailly in the 20th century.

📍 *Begijnhof 30 (entrance: doorway on the Spui)*
📞 *+31 (0)20-622 19 18*

POPPENHUIZEN

📍 Zaal HG 2.20, Rijksmuseum, Museumstraat 1
📞 020-674 70 00
🕐 Dagelijks 9.00-17.00 uur, ook op feestdagen
€ Entree volwassenen: €20,-
↖ www.rijksmuseum.nl/nl/rijksstudio/ kunstwerken/poppenhuizen

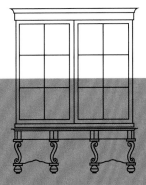

📍 Room HG 2.20, Rijksmuseum, Museumstraat 1
📞 +31 (0)20-674 70 00
🕐 Daily 9 AM to 5 PM, incl. public holidays
€ Entrance for adults: €20,-
↖ www.rijksmuseum.nl/nl/rijksstudio/ kunstwerken/poppenhuizen

DOLLS' HOUSES

GRACHTENHUIZEN IN MINIATUUR

DE POPPENHUIZEN

Petronella Oortman,
maker onbekend

Circa 1676

Circa 1686

Petronella Dunois,
maker onbekend

CANAL HOUSES IN MINIATURE

THE DOLLS' HOUSES

Petronella Oortman,
maker unknown

Circa 1676

Circa 1686

Petronella Dunois,
maker unknown

TWEE PETRONELLA'S, TWEE POPPENHUIZEN

PETRONELLA OORTMAN

Petronella Oortman (1656-1716) woonde met haar man, de welvarende lakenkoopman Johannes Brandt, en hun vier kinderen in de Warmoesstraat. Haar pronkpoppenhuis kostte 20.000 à 30.000 gulden, evenveel als een echt grachtenpand in die tijd. Het poppenhuis was niet bedoeld om mee te spelen, maar om te pronken, goede smaak te laten zien aan gasten en te tonen hoe een ideale huishouding eruitzag.

PETRONELLA DUNOIS

Petronella (1650-1695) en haar zus Maria waren rijke Amsterdamse wezen. Ze verzamelden kunst en hadden poppenhuizen en kunstkabinetten, zoals de mode was in hun kringen. Toen Petronella Dunois in 1677 trouwde met regent Pieter van Groenendijck bracht ze naast waardepapieren en een linnenuitzet ook dit poppenhuis in. De schilderijen die Nicolaes Maes maakte van Petronella en Pieter (met onderkinnen en al) hangen naast het poppenhuis. Het poppenhuis bleef in de familie tot die het in 1934 aan het Rijksmuseum schonk.

TWO PETRONELLAS, TWO DOLLS' HOUSES

PETRONELLA OORTMAN

Petronella Oortman (1656–1716) lived with her husband, the well-to-do cloth merchant Johannes Brandt, and their four children in the Warmoesstraat. Her stunning dolls' house cost 20,000 to 30,000 guilders, as much as a real canal house at the time. It wasn't meant to be played with, but rather was intended as a status symbol, used to display good taste and illustrate an ideal household

PETRONELLA DUNOIS

Petronella (1650–1695) and her sister Maria were rich Amsterdam orphans. They collected art, and owned dolls' houses and art cabinets, as was fashionable in their circles. When Petronella Dunois married regent Pieter van Groenendijck in 1677, she brought this dolls' house with her. The paintings that Nicolaes Maes made of Petronella and Pieter (double chins and all) hang next to the dolls' house, which remained in the family until it was donated to the Rijksmuseum in 1934.

Rich ladies in the 17th century had a remarkable hobby: they had their grand canal houses replicated as dolls' houses and fitted out with expensive miniatures. Marble, silk, Chinese porcelain, silver, and wall paintings: everything was copied precisely. Money was no object; these women had that in abundance. In the Rijksmuseum these two fantastic showpieces still have many admirers.

Room 2.20 of the Rijksmuseum is dimly lit in order to protect the fabrics and other materials in the dolls' houses. We almost lower our voices to a whisper as we reverently ascend the steps to the dolls' house that once belonged to Petronella Oortman. The miniature is an exact copy of houses of Petronella's time, with everything to scale and made out of the same materials. Petronella made sure that she had the right mini porcelain from China, and commissioned miniature-makers to create the furniture, glasses, silverware, clothes, wallpaper, and pottery. The wooden case is elegantly decorated, with tortoiseshell marquetry. The initials of Petronella Oortman and her husband, Johannes Brandt, are inlaid on each side of the case in tin.

FROM PEAT LOFT TO KITCHEN

On the top floor of the dolls' house is the linen room, where washing was hung to dry, alongside the peat and provisions loft. There is also a luxurious nursery decorated with silk cushions, gilded mirrors, and a cabinet with a walnut veneer.

On the middle floor is the 'salon', the most impressive room of the house, with a grand fireplace and large wall paintings. A backgammon set lies on the table, ready to be played. Next to this salon is a marble hall that

Rijke burgervrouwen in de 17ᵉ eeuw hadden een bijzondere hobby: ze lieten hun riante grachtenhuizen als poppenhuis nabouwen en inrichten met kostbare miniaturen. Marmer, zijde, Chinees porseleinen, zilver of wandschilderingen, alles werd getrouw gekopieerd. Geld speelde geen rol, dat hadden ze in overvloed. In het Rijksmuseum hebben de twee fantastische pronkpoppenhuizen nog altijd veel bewonderaars.

Zaal 2.20 van het Rijksmuseum is half verduisterd, om de oude stoffen en andere materialen van de poppenhuizen te sparen. We gaan vanzelf bijna fluisteren als we eerbiedig de verhoging beklimmen bij het poppenhuis dat ooit van Petronella Oortman was. Haar poppenhuis was een exacte kopie van huizen uit Petronella's tijd, alles is op maat en in hetzelfde materiaal gemaakt. Petronella zorgde dat ze het juiste mini-porselein uit China had en zette miniatuurmakers aan het werk om de meubeltjes, glazen, zilver, kleding, behang en aardewerk maken. De houten kast is prachtig versierd met inlegwerk van schildpad. Aan beide zijkanten zijn de initialen van Petronella Oortman en Johannes Brandt ingelegd in tin. Het is groter dan de meeste poppenhuizen uit die tijd.

VAN TURFZOLDER TOT WERKKEUKEN

Op de bovenste etage van het poppenhuis zijn de kleerzolder, waar de was te drogen hangt, en de turf- en provisiezolder. Rechts daarvan is een luxe kinderkamer met zijden kussens, vergulde spiegels en een kast met fineer van notenhout.

Daaronder is de middelste etage met de 'zaal', de meest imponerende kamer van het huis, met een fraaie schouw en 'grote' wandschilderingen. Op de tafel ligt een backgammonspel klaar. Naast deze zaal is een marmeren hal die vroeger toegang gaf tot een nagebouwde achtertuin (helaas

formerly led on to a reconstructed garden (sadly now lost). To the right is a bedroom/lying-in room, full of red silk and with a canopy bed containing a swaddled baby, the only doll that has survived.

On the lower floor, in the tiled showpiece kitchen, a cabinet is filled with the collection of Chinese porcelain that Petronella ordered from China. A child's chair stands in the middle of the room.

'CARPET ROOM' OR MOURNING ROOM

On the far right on the ground floor is the 'carpet room', with a beautiful woven wall covering. In the painting of the dolls' house that Petronella Oortman commissioned in 1710, the carpet room is furnished as a mourning room. A child is laid out in the room, and the other children are paying their last respects. This painting hangs next to the dolls' house in the museum, so we can see how the house originally looked.

BOOKS ABOUT THE DOLLS' HOUSE

The Minaturist. A novel about Petronella Oortman, who was given this dolls' house as a bride, by Jessie Burton (Publisher: Luitingh-Sijthof).
Het poppenhuis van Petronella Oortman ('*The Dolls' House of Petronella Oortman*') The authors look through the windows of the enchanting dolls' house into daily life in a 17th-century household, by Karin Braamhorst and Marlies Visser. (Publisher: Luitingh-Sijthof).

THE SECOND PETRONELLA

The other dolls' house was made for Petronella Dunois, probably around 1676. The case is made of oak, inlaid with walnut, cedar, and ebony. The dolls in this house have been preserved, and convincingly play their roles as patrician, chambermaid, or lady of the house, clothed in centuries-old costumes of fragile lace and silk.

'A dolls' house that costs as much as a real canal house'

EIGHT ROOMS FULL OF DOLLS

The house has eight rooms, and, like Petronella Oortman's house, also has a peat loft and a linen room, where the maid washed and ironed, on the top floor. Next to it, in the upper right corner, is the nursery, where a toddler sits sweetly in the child's chair, watched over by a nursemaid. On

verloren gegaan). Helemaal rechts is de slaapkamer/kraamkamer vol rode zijde en een hemelbed met daarin een ingebakerde zuigeling, het enige poppetje dat bewaard is gebleven. Op de onderste etage werkte het keukenpersoneel in de betegelde pronkkeuken. De keukenkast staat vol met de verzameling Chinees porselein die Petronella in China bestelde. Middenin de keuken staat de kinderstoel.

TAPIJTKAMER OF ROUWKAMER

Helemaal rechts op de onderste verdieping is de tapijtkamer, met een prachtige, geweven wandbespanning. Op het schilderij dat Petronella Oortman in 1710 door Jacob Appel liet maken van het poppenhuis, is de tapijtkamer ingericht als rouwkamer. Er ligt een opgebaard kindje in deze kamer en de andere kinderen nemen afscheid. Dit schilderij hangt in het museum naast het poppenhuis, dus we kunnen vergelijken hoe het huis er oorspronkelijk uitzag.

BOEKEN OVER HET POPPENHUIS

Het huis aan de Gouden Bocht. Roman over Petronella Oortman die als bruid dit poppenhuis cadeau kreeg. *Jessie Burton (Uitgever Luitingh-Sijthoff; (oorspronkelijke titel: The Miniaturist).*
Het poppenhuis van Petronella Oortman. Via het betoverende poppenhuis kijken de auteurs door de ramen naar het dagelijks leven in een zeventiende-eeuws huishouden. *Karin Braamhorst en Marlies Visser. (Uitgever Luitingh-Sijthof).*

DE ANDERE PETRONELLA

Het andere poppenhuis was ook van een Petronella en is waarschijnlijk rond 1676 gemaakt voor Petronella Dunois. De kast is van eikenhout, belijmd met noten- ceder- en ebbenhout. De poppen van dit huis zijn wel bewaard en vervullen met glans hun rol als patriciër, kamermeisje of vrouw des huizes, gehuld in eeuwenoude gewaden van tere kant en zijde.

'Poppenhuis even duur als echt grachtenpand'

ACHT KAMERS VOL POPPEN

Het huis telt acht kamers en heeft ook op de bovenste etage de turfzolder en de kleerzolder waar de meid wast en strijkt. Daarnaast, in de rechterbovenhoek, is de kinderkamer waar een peuter zoet in de kinderstoel zit,

the middle floor we find the lying-in room, furnished with shining wood and hung with *sits* (dyed and treated cotton). In the corner stands the confinement bed. Baskets full of sheets and nappies stand on the ground, and a wet nurse is sitting on the bed.

Next to the lying-in room is the grand reception room, where two ladies and three children stand ready to receive their visitors in their finest clothes. Silverware and decorative vases emphasise the nobility of the scene. At the bottom of the house we see the storeroom (full of wine) and the kitchen, where the maid is busy cooking. In the adjacent dining room, the family is ready to take their places at the table.

FIFTEEN HUNDRED TINY OBJECTS

Although this dolls' house looks quite full, only some of the fifteen hundred separate items that once made up the miniature Dunois household are here on display. We can stare at these tiny objects endlessly, and constantly discover new delicate miniatures of glass or silver, intricate wood-carving, or made-to-measure dolls' clothes.

gadegeslagen door het kindermeisje. Op de middelste etage vinden we de kraamkamer, ingericht met glanzend hout en bespannen met sits (gekleurd en bewerkt katoen). In de hoek staat het kraambed. Manden vol lakens en luiers staan op de grond en de min zit op het bed.

Naast de kraamkamer is de voorname ontvangstzaal waar twee vrouwen en drie kinderen in hun mooiste zijden jurken bezoek ontvangen. Zilveren voorwerpen en sierlijke vazen onderstrepen de voornaamheid. Helemaal beneden in het huis zijn de voorraadkelder (vol wijn) en de keuken, waar de meid aan het koken is. In de eetkamer ernaast zijn de bewoners klaar om aan tafel te gaan.

VIJFTIENHONDERD ONDERDEELTJES

Hoewel dit poppenhuis best vol oogt, zien we maar een deel van de vijftienhonderd losse voorwerpen waarmee Huize Dunois ooit is ingericht. We kunnen er eindeloos naar blijven kijken en ontdekken steeds weer nieuwe priegelige miniaturen van glas of zilver, pietepeuterig houtsnijwerk of op maat gemaakte poppenkleren. Niet alle meubeltjes en poppen waren van Petronella, ook andere familieleden hebben later meubels of poppen toegevoegd.

KUNSTENAARS
EN
ONDERDUIKERS

MUSEUM HET
REMBRANDTHUIS

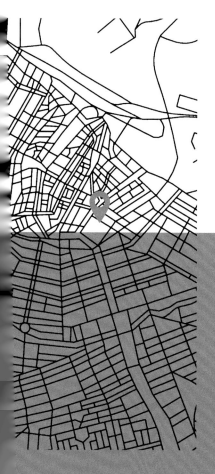

⚲ *Jodenbreestraat 4*
☎ *020-520 04 00*
🕐 *Dinsdag t/m zondag 10.00-17.00 uur*
€ *Entree volwassenen: €15,-*
⤹ www.rembrandthuis.nl

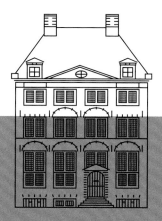

⚲ *Jodenbreestraat 4*
☎ *+31 (0)20-520 04 00*
🕐 *Daily 10 AM to 6 PM*
€ *Entrance for adults: €15,-*
⤹ www.rembrandthuis.nl

REMBRANDT HOUSE
MUSEUM

EEN IETS TE DUUR HUIS

HET HUIS

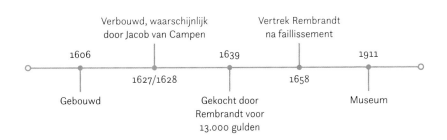

Verbouwd, waarschijnlijk door Jacob van Campen

Vertrek Rembrandt na faillissement

1606

1639

1911

1627/1628

1658

Gebouwd

Gekocht door Rembrandt voor 13.000 gulden

Museum

A HOUSE AND HABITS THAT WERE TOO EXPENSIVE

THE HOUSE

Renovated, probably by Jacob van Campen

Rembrandt leaves following his bankruptcy

1606

1639

1911

Built

Bought by Rembrandt for 13,000 guilders

Rembrandt Museum

Rembrandt van Rijn kocht dit huis na zijn huwelijk met Saskia van Uylenburgh. Eigenlijk kon hij het niet betalen, de hypotheek zou hij dan ook nooit aflossen. Al was hij de topschilder die de rijken portretteerde, hij had een flink gat in zijn hand en kocht te graag kunst en rariteiten. In 1656 ging hij failliet en verhuisde hij naar een huurhuisje aan de Rozengracht. Geluk bij een ongeluk: de uitgebreide inventarislijst van de faillissementsverkoop bleek eeuwen later de perfecte basis voor een nauwgezette reconstructie van het huis. We krijgen dus een vrij goed idee hoe het er vroeger uitzag.

Zie ook: 'Rembrandt en ik', tv-serie (www.npo.nl).

Rembrandt van Rijn bought this house in 1639, after his marriage to Saskia van Uylenburgh (1612–1642). He couldn't really afford it, and he would never be able to pay off the mortgage. Even though he was the leading painter of the time, and had plenty of rich clients, he lived beyond his means and spent too much buying art and curiosities. In 1656 Rembrandt went bankrupt and moved to a rented house on the Rozengracht. But every cloud has a silver lining: centuries later the detailed inventory of the bankruptcy sale turned out to be the perfect basis for a precise reconstruction of the house, so we get an excellent idea of how it looked when Rembrandt lived here.

We enter the house in the comfortable kitchen, where the hearth and stove provided warmth in winter. Early in the morning the sleepy house-maid climbed out of the box-bed to make the fire. Breakfast was eaten here, with beer, herring, and rye bread. Kitchen chores, from cooking and polishing, were carried out under the pale, yellow beams, and you can almost smell the stew simmering on the large stove.

The kitchen also witnessed a less peaceful moment when Rembrandt had a terrible row with his mistress Geertje Dirckx here. Geertje had come to Amsterdam by horse-drawn barge to work as a nursemaid for Rembrandt's son Titus. After the death of Rembrandt's wife Saskia in 1642, Geertje became his mistress. But in 1649 Rembrandt fell for his young housekeeper Hendrickje Stoffels and ended things with Geertje. The result? Broken promises, quarrels, possibly a pay-off, Geertje attempting to sell Saskia's jewellery, and numerous lawsuits. It all exploded in this kitchen, after which Rembrandt had Geertje committed to 'a house of correction'.

A GRAND ENTRANCE

Business contacts and clients did not enter via the kitchen as we do. They came in through the front door one storey higher, into the spacious, light hall with its black and white tiled floor. In the hall we understand immediately that this was a large and grand house in one of the smartest streets in the city at the time. And that was exactly Rembrandt's intention, because he was a businessman, art dealer, and teacher, in addition to being a renowned painter. Rembrandt sold his own work, and the work of his students and other artists, and so he had to make an impression on potential new clients. He probably received his guests with chilled wine, and then led them into the hall and the adjacent *Sydelcaemer* ('side room'), past walls filled with paintings.

The box-bed in the side room was intended for guests who had come from far away and preferred to sleep here by the fireside than to step back into their unheated carriages. Notice the door frame and the mantelpiece in this room. They appear to be made of marble, but in fact they are 'marbled' wood, which was considered very elegant at the time.

SASKIA'S BOX-BED

Wandering further through the living floor we find the *sael*, the living room where Rembrandt and his great love Saskia lived and slept, with its high ceiling and warm wooden panelling. Life must have been good in this room when the impressive hearth was burning. The room is filled with paintings by Rembrandt, his pupils, his teacher Pieter Lastman, and other contemporaries.

We komen het huis binnen in de behaaglijke keuken, waar haard en fornuis voor warmte zorgden in de winter. Vroeg in de morgen klom de slaperige dienstmeid uit de bedstede om vuur te maken. Hier werd ontbeten met bier, haring en rogge. Onder de zachtgele balken werd gepoetst, gekookt en gegeten; je ruikt haast het stoofvlees dat pruttelde op het grote fornuis.

Helaas was de keuken ook getuige van een minder fraai moment. Rembrandt kreeg hier enorme ruzie met zijn minnares Geertje Dirckx. Geertje was per trekschuit naar Amsterdam gekomen om het kindermeisje te worden van Rembrandts zoon Titus. Na de dood van zijn vrouw Saskia werd ze Rembrandts minnares, tot 1649. Toen viel Rembrandt voor de charmes van zijn jonge huishoudster Hendrickje Stoffels. Hij stuurde Geertje de laan uit. Gevolg: verbroken beloftes, ruzie, mogelijke afkoopsommen, Saskia's juwelen die Geertje probeerde te verkopen, een rechtszaak en meer narigheid. Het kwam allemaal tot ontploffing in deze keuken, waarna Rembrandt Geertje liet opnemen in het spinhuis (tuchthuis).

EEN VOORNAME ENTREE

Zakenrelaties en opdrachtgevers kwamen niet – zoals wij – via de keuken binnen. Zij stapten een etage hoger de voordeur binnen en kwamen in de grote lichte hal met de zwart-wit betegelde vloer. In de hal voelen we het meteen: dit is een groot en voornaam huis in (destijds) een van de chicste straten van de stad. Dat was ook de bedoeling, want Rembrandt was niet alleen schilder, maar ook ondernemer, kunsthandelaar en leermeester. Hij verkocht eigen werk en werk van zijn leerlingen en andere kunstenaars. Daarnaast moest hij indruk zien te maken op mogelijke nieuwe opdrachtgevers. Hij ontving zijn gasten waarschijnlijk met gekoelde wijn en leidde ze in de hal en de aangrenzende Sydelcaemer (zijkamer) langs wanden vol schilderijen.

De bedstede in de zijkamer was bedoeld voor eventuele logés, gasten die van verre kwamen en liever hier bij het haardvuur bleven slapen dan weer in hun onverwarmde koets te stappen. Let in de zijkamer op de deurlijst en de rookkap van de schouw. Ze lijken van marmer, maar ze zijn van 'gemarmerd' hout, destijds erg elegant.

SASKIA'S BEDSTEDE

Verder dwalend door de woonetage vinden we de Sael, de woonkamer waar Rembrandt en zijn grote liefde Saskia woonden en sliepen. Als de imposante haard brandde, was het vast goed toeven in deze kamer met het hoge plafond en de warme houten lambrisering. Ook hier veel schilderijen van Rembrandt, zijn leerlingen, zijn leermeester Pieter Lastman en andere tijdgenoten. Ons oog wordt natuurlijk al snel getrokken door de bedstede. Bekend van de tekening die Rembrandt maakte van Saskia.

Hier schonk Saskia het leven aan hun zoon Titus, nadat ze diverse mis-
kramen en jonggestorven kinderen had gebaard. En hier stierf ze zelf niet
veel later, nog geen dertig jaar oud.

ALLES IS ECHT
We dachten eerlijk gezegd altijd dat de schilderijen in dit museum kopie-
en waren. Maar een medewerker in de Sael helpt ons uit de droom: 'Nee,
alles is echt, de Rembrandts en de andere schilderijen! Kijk, dit is een in
2008 herontdekte Rembrandt: het portret van predikant Eleazer Swalmius uit 1637. Er zijn wel heel veel onzichtbare beveiligingen hoor,' fluistert
de medewerker nog.

ATELIER: HET HEILIGE DER HEILIGEN
Op de tweede etage komen we in het atelier van de meester, waar het naar
lijnolie ruikt. Rechts bij het raam is een hoekje gereconstrueerd zoals het
ooit was, volgens een tekening van Rembrandt. Hier, in de grootste kamer
van het huis, valt koel daglicht mooi gelijkmatig binnen. Juist dit noorder-
licht was een reden voor Rembrandt om het huis te kopen.

Naturally our eyes are drawn to the box-bed, famous from a drawing that
Rembrandt made of Saskia. There she gave birth to her son Titus, after
many miscarriages and children who died young. And there she herself
died, not yet thirty years old.

EVERYTHING IS REAL
To be honest, we always thought that the paintings in this museum were
copies. But an employee in the *sael* tell us: 'No, everything is real, the
Rembrandts and the other paintings, too. Look, this is a Rembrandt that
was rediscovered in 2008: a portrait of the preacher Eleazer Swalmius
from 1637. But there are an awful lot of invisible security measures,' whis-
pers the employee.

REMBRANDT'S STUDIO: THE HOLY OF HOLIES
On the second floor we enter the master's studio, where it smells of linseed oil. To the right, by the window, a corner has been reconstructed as it
once was, based on a drawing by Rembrandt. Here, in the largest room in
the house, cool daylight falls beautifully and evenly in through the window.

Het atelier staat vol schilderbenodigdheden: kwasten en ezels, materialen om doeken op te spannen, en pigmenten en olie om verf te maken. De leerlingen maakten steeds genoeg verf voor één dag, zodat er niets uitdroogde. Bleef er toch wat over, dan ging dat in zakjes van varkensblaas.*

Een gietijzeren kachel moest voor warmte zorgen voor de schilder en de kapitaalkrachtige Amsterdammers die zich lieten portretteren. En voor Saskia, de minnaressen Geertje Dirckx, Hendrikje Stoffels, en zoon Titus, die regelmatig model stonden. Toch zal het 's winters koud geweest zijn. Zeker voor naaktmodellen die de badende Bathseba of de oudtestamentische Susanna moesten uitbeelden.

*   Bij de familie Six liggen dergelijke zakjes in het rariteitenkabinet, waarschijnlijk van Rembrandt.

VERZAMELAAR MET GAT IN ZIJN HAND

Tegenover het atelier is de Kunstcaemer, waar we oog in oog staan met een verbluffende collectie naturalia en artificialia: objecten door de natuur en door de mens gemaakt. Bustes van Romeinse keizers en filosofen, muziekinstrumenten, helmen, speren, enorme schelpen, geweien en opgezette dieren. Er hangt zelfs een opgezette armadillo (gordeldier) aan het plafond. En tussen dit alles liggen (kopieën van) albums met tekenin-

In fact, this northern aspect was one of Rembrandt's reasons for buying the house.

The studio is full of artists' materials: brushes and easels, devices for stretching canvases, and pigments and oil for making paint. His pupils only made enough paint for one day, so that nothing dried out. If there was still anything left over, it was put into bags made of pigs' bladders.*

A cast iron stove provided warmth for the painter and the wealthy Amsterdammers who had their portraits painted here. And for Saskia, Geertje Dirckx, Hendrikje Stoffels, and Rembrandt's son Titus, who regularly posed as models. Nevertheless, it must have been cold in winter, certainly for the nude models who had to pose as bathing Bathsheba or Susanna from the Old Testament.

*   There are some bags like these, probably Rembrandt's, in the Six family's cabinet of curiosities.

SPENDTHRIFT COLLECTOR

Opposite the studio is the *Kunstcaemer*, the Art Room, where we find Rembrandt's astonishing collection of naturalia and artificialia: objects made by nature and by man. There are busts of Roman emperors and

philosophers, musical instruments, helmets, spears, enormous shells, antlers, and taxidermied animals. There is even a stuffed armadillo hanging from the ceiling. And among all of this are albums, or copies of albums, of drawings by great masters, such as Titian and Holbein, inspiration for Rembrandt and his pupils. in this room it becomes clear how much Rembrandt liked collecting, just like his friend Jan Six. Unfortunately, Rembrandt – unlike Six – had no money for this rich man's hobby. Standing in this Kunstcaemer full of valuables, in this house that was too expensive, with all of Rembrandt's extravagant habits on view, it becomes clear that his bankruptcy was inevitable.

STUDENTS' STUDIO

At the top of the house, under the roof beams, is a second studio, where there were always four or five students who came to learn the finer points of the trade for 10 guilders a year (excluding expenses and accommodation). First, they learned to copy drawings and paintings, and only when they had truly mastered this skill were they allowed to work with artists' models. It must have been quite challenging trying to gain the approval of their gifted but demanding and sometimes quick-tempered master.

Rembrandt probably had at least forty students, including renowned painters such as Govert Flinck, Ferdinand Bol, Gerard Dou, and Nicolaes Maes. His most talented pupil, Carel Fabritius, unfortunately died so young that we will never know if he would have ultimately surpassed his teacher.

ETCHING AND MIXING PAINT

Oil paint in tubes did not exist in Rembrandt's time. Painters made their own paint by mixing pigments (coloured powders) with linseed oil and carefully grinding it to the desired thickness. Demonstrations of how this was done are given daily in the studio.

In the etching demonstration we can see how an etching is printed. This demonstration is given in the room where Rembrandt himself printed his etchings, and examples of his work can be seen in the print room and the exhibitions on the top floor.

Demonstrations daily 10.15 AM to 5:10 PM, free for museum visitors

gen van grote meesters, zoals Titiaan en Holbein, ter inspiratie voor hem en zijn leerlingen. Hier zien we pas goed hoe erg Rembrandt gegrepen was door het verzamelvirus, net als zijn vriend Jan Six. Jammer alleen dat Rembrandt – anders dan Six – helemaal geen geld had voor deze rijkeluishobby. Zelfs al had hij in zijn glorietijd opdrachtgevers en leerlingen genoeg. In deze Kunstcaemer vol kostbaarheden, in een te duur huis en met een gat in je hand? We beginnen te begrijpen dat zijn faillissement onvermijdelijk was.

LEERLINGENATELIER

Bovenin het huis, onder de hanenbalken, is het tweede atelier waar altijd vier of vijf leerlingen voor 100 gulden per jaar (zonder kost en inwoning) de fijne kneepjes van het vak kwamen leren. Ze leerden eerst (na)tekenen en (na)schilderen en als ze het echt konden, mochten ze met schildersmodellen werken. De leerlingen hebben vast behoorlijk zitten zweten achter hun schildersezel om de goedkeuring van hun geniale, maar veeleisende en soms opvliegende meester te krijgen.

Waarschijnlijk heeft Rembrandt minimaal veertig leerlingen gehad, waaronder beroemde schilders als Govert Flinck, Ferdinand Bol, Gerard Dou en Nicolaes Maes. Zijn meest talentvolle leerling Carel Fabritius overleed helaas zo jong, dat we nooit zullen weten of hij zijn leermeester Rembrandt uiteindelijk overvleugeld zou hebben.

ETSEN EN VERF MAKEN

Olieverf bestond in Rembrandts tijd nog niet in tubes. Schilders maakten het zelf door pigmenten (kleurpoeders) te mengen met lijnolie en dat fijn te wrijven tot de juiste dikte. In het atelier wordt dagelijks gedemonstreerd hoe dat in zijn werk ging.

Bij de etsdemonstratie zien we hoe een ets wordt afgedrukt. Deze demonstratie is in de kamer waar Rembrandt zelf zijn etsen perste. Zijn etsen zijn te zien in het prentenkabinet en de tentoonstellingen op de bovenste etage.

Demonstraties dagelijks 10.15-17.10 uur, vrij toegankelijk voor museumbezoekers.

147

MULTATULI HUIS

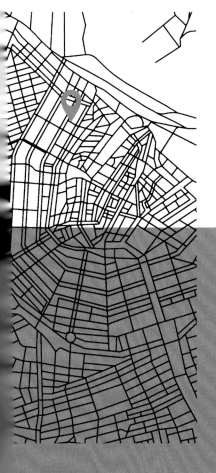

📍 *Korsjespoortsteeg 20, (5 minuten van CS)*
📞 *020-638 19 38*
🕐 *Dinsdag 10.00-17.00 uur en*
  woensdag t/m zondag 12.00-17.00 uur
€ *Entree volwassenen: €5,-*
  (geen Museumkaart, geen pin)
↖ *www.multatuli-museum.nl*

📍 *Korsjespoortsteeg 20, (5 minutes*
  from Centraal Station)
📞 *+31 (0)20-638 19 38*
🕐 *Tuesday 10 AM to 5 PM and*
  Wednesday to Sunday 12 PM to 5 PM
€ *Entrance for adults: €5*
  (no Museumkaart, no debit cards)
↖ *www.multatuli-museum.nl*

MULTATULI HOUSE

'IK BEN HANDELAAR
IN KOFFIE'

HET HUIS

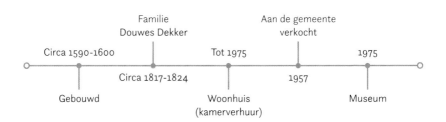

Familie
Douwes Dekker

Aan de gemeente
verkocht

Circa 1590-1600   Tot 1975   1975

Circa 1817-1824   1957

Gebouwd   Woonhuis
(kamerverhuur)   Museum

'I AM
A COFFEE BROKER'

THE HOUSE

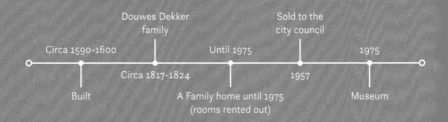

Douwes Dekker
family

Sold to the
city council

Circa 1590-1600   Until 1975   1975

Circa 1817-1824   1957

Built   A Family home until 1975
(rooms rented out)   Museum

EDUARD DOUWES DEKKER

O mdat de jonge Eduard (1820-1887) op het gymnasium vrij onhandelbaar was, moest hij van school om loopjongen te worden bij een textielhandel aan de gracht. Eigenlijk had hij doopsgezind dominee moeten worden, maar hij viel al jong van zijn geloof. Op zijn achttiende, in 1838, koos hij samen met zijn vader het ruime sop om zijn geluk in Indië te proberen. Ook daar wilde het met zijn carrière niet goed vlotten. Mede omdat hij op weinig diplomatieke wijze opkwam voor de oorspronkelijke bevolking die werd uitgebuit door inlandse prinsen en Hollanders. Maar het leverde hem wel de inspiratie op voor zijn meesterwerk.

Hij keerde in 1856 terug naar Europa en schreef zijn beroemde *Max Havelaar of de koffieveilingen van de Nederlandse Handelsmaatschappij*. Om zijn schuldeisers te ontlopen, zat hij te schrijven op een koude zolderkamer in hotel *Au Prince Belge* in Brussel (bestaat niet meer).

EDUARD DOUWES DEKKER

B ecause the young Eduard Douwes Dekker (1820–1887) was rather wild at grammar school, he was forced to leave and become an errand boy at a canal-side textile business. When he was 18, in 1838, he set sail with his father to try his luck in the East Indies. But things did not go smoothly there either, partly because he attempted to forcefully assert the rights of the indigenous inhabitants who were exploited by indigenous princes and Dutch people. The experience did, however, provide him with the inspiration for a literary masterpiece. He returned to Europe in 1856 and wrote his famous novel *Max Havelaar of de koffieveilingen van de Nederlandse Handelsmaatschappij* ('*Max Havelaar, or the Coffee Auctions of the Dutch Trading Company*'). To evade his creditors, he wrote in a cold attic room in a hotel in Brussels.

'Was I born in an alleyway?!?', Eduard Douwes Dekker (known as Multatuli, which means 'I have suffered much') is said to have exclaimed when, later in life, he revisited the house where he was born. That 'alleyway' is not so bad, but hardly an impressive starting point for one of the greatest writers from the Netherlands.

We climb the narrow, worn-down steps, searching for an insight into the first four years of Eduard's life. His father, a seaman, rented a part of this small house in a lower middle-class neighbourhood. A poor porter's family lived in the cellar, and another housemate was a seamstress. Now the house is filled with Eduard's furniture, books, and other possessions, donated after his death by his wife Mimi in anticipation of a future house museum.

WRITING AND GAMBLING

The first edition of *Max Havelaar* – edited by Jacob van Lennep, who smoothed away the sharpest edges of the original text – is kept in the house museum. The book had an enormous impact in 1860; it was even discussed in parliament. In later versions, Multatuli restored the original sharply critical text as much as possible.

When Eduard Douwes Dekker found his calling as 'Multatuli', he kept writing. The desk at which he worked now stands in the living room of his childhood home, where we can also see examples of his handwriting. His suitcase stands ready, and a slight aroma of cloves invokes memories of the Dutch East Indies. Of course, there's also a bookcase here, filled with literary treasures, including a large portion of his book collection, with his personal annotations in the margins. Portraits and engravings on the walls tell his life story. In one of the display cases, gambling chips reveal a less well-known side of Eduard Douwes Dekker, who had gambling debts everywhere and constantly had money worries.

THE SOFA AND THE URN

Eduard spent the last years of his life with his second wife Mimi in a villa in Ingelheim am Rhein in Germany. After his death, one of the things that Mimi donated to the museum was the red sofa on which the writer drew his last breath. And in a corner of the living room stands his urn, which looks enormous by modern standards. In 1887 Eduard was the first Dutch person

'Ben ik in een steeg geboren?!' schijnt Eduard Douwes Dekker (Multatuli) uitgeroepen te hebben toen hij op latere leeftijd zijn geboortehuis weer bezocht. Dat 'steeg' valt wel mee, maar het is inderdaad geen imponerend huis voor een van de grootste schrijvers van Nederland.

We beklimmen de nauwe, uitgesleten traptreden, op zoek naar een glimp van de eerste vier levensjaren van Eduard. Zijn vader – een zeeman – huurde een deel van dit kleine huis in de middenstandsbuurt, om de hoek van de rijke grachtenhuizen. In de kelder woonde een arme sjouwersfamilie, een andere huisgenote was naaister. Nu is het huis gevuld met meubels, boeken en andere bezittingen van Eduard, na zijn dood geschonken door zijn tweede vrouw Mimi voor een toekomstig huismuseum.

SCHRIJVEN EN GOKKEN

De eerste druk van de Havelaar ligt in het huismuseum, bezorgd door Jacob van Lennep die de scherpste kantjes van de oorspronkelijke tekst afhaalde. Het boek sloeg in 1860 toch in als een bom; er kwamen zelfs Kamervragen over. In later uitgegeven versies heeft Multatuli zoveel mogelijk de originele scherpe tekst hersteld.

Toen Eduard Douwes Dekker als 'Multatuli' zijn roeping gevonden had, bleef hij schrijven. Het bureau waaraan hij werkte, staat nu in de woonkamer van zijn ouderlijk huis. Hier horen we zijn pendule tikken en zien we zijn handschrift. Zijn reiskoffertje staat klaar en een lichte kruidnagelgeur roept herinneringen op aan 'ons Indië'. Natuurlijk staat hier ook zijn boekenkast, gevuld met een literaire schat: een groot deel van zijn boekencollectie met zijn persoonlijke aantekeningen in de kantlijn. Portretten en gravures aan de wand vertellen zijn levensverhaal. In een van de vitrines getuigen de fiches van een minder bekende kant van Eduard Douwes Dekker: hij maakte overal gokschulden en had altijd geldzorgen.

DE SOFA EN DE URN

De laatste jaren van zijn leven sleet Eduard met zijn tweede vrouw Mimi in een villa in Ingelheim am Rhein, in Duitsland. Onder andere de rode sofa, waarop de schrijver zijn laatste adem uitblies, schonk Mimi na zijn dood aan het museum. En in een hoek van de woonkamer staat nog een wat minder gebruikelijk aandenken: zijn urn. Naar onze maatstaven is die van enorme afmetingen. Eduard Douwes Dekker was in 1887 de eerste Nederlander die zich liet cre-

meren. Waarschijnlijk deed hij dat als statement tegen het christendom, dat cremeren destijds verbood in Nederland. Hij werd dan ook gecremeerd in Duitsland. De urn in zijn geboortehuis is trouwens leeg, de as van de schrijver wordt bewaard op begraafplaats Westerveld.

MAX HAVELAAR, DE FILM

Beetje gedateerde, maar heel boeiende film uit 1976 van Fons Rademakers. Tijdens de Indonesische première zat president Soeharto in de zaal; hij liet de film subiet verbieden in zijn land. In Nederland konden we de film wel zien, met Peter Faber als Max Havelaar, assistent-resident in Lebak. In dichte, groene wouden, waar vogels en krekels geen moment verstommen en tropische regens vallen, strijdt Max in 1856 tegen het onrecht als olifant in de porseleinkast. 'Dertig miljoen mensen worden gekneveld, vermoord en uitgebuit in Uw naam,' bijt hij het portret van Koning Willem I toe. En dat allemaal terwijl de Blanda (Hollanders) walsen in hun paleizen samen met de machtige inlandse prinsen en de handelaren in hun kerken uit volle borst zingen over rechtvaardigheid.

Film Max Havelaar (gratis): www.youtube.com/watch?v=CmcuV-oOIbc

to have himself cremated, probably as a rebuke of Christianity, which forbade cremation at the time in the Netherlands. But don't worry, this urn is empty – the writer's ashes are actually at the Westerveld cemetery.

MAX HAVELAAR, THE MOVIE

In 1976, Fons Rademakers made a film of Multatuli's famous book. Although it feels rather dated now, it's still an exciting film. Then Indonesian President Suharto attended the premiere in Indonesia – and immediately had the film banned in the country. But the film was screened in the Netherlands, with Peter Faber as Max Havelaar, assistant principal governor in Lebak, on the island of Java. Set in 1856 in dense green forests, where birds and crickets constantly chirp and tropical rains fall, Max fights against injustice. 'Thirty million people are gagged, murdered, and exploited in your name', he snarls at a portrait of King Willem I. All while the Blanda (Dutch people) waltz in their palaces with the powerful indigenous princes, and merchants loudly sing of righteousness in their churches.
Max Havelaar film (free): www.youtube.com/watch?v=CmcuV-oOIbc

MULTATULI GUIDED TOUR

This tour is led by a guide who takes groups through Amsterdam locations that feature in Multatuli's life and literature. It goes through the Jordaan, where Eduard Douwes Dekker played as a child. Past Lauriergracht number 37, where the fictional coffee brokers in *Max Havelaar*, Last & Co, were located and where a name board is still displayed. We look up at the building that once housed the textile company where Eduard was an errand boy, and learn that his son was born in a lodging house on the Singel. Meanwhile, from time to time, the guide reads out appropriate passages by Multatuli from the literary walking guidebook *Helaas, ik ben een Amsterdammer* ('Alas, I am an Amsterdammer').

Walking tours by appointment for groups, minimum of five persons, €10 per person. Duration: 2 hours

MULTATULIWANDELING

Met een gids mee door de Jordaan, waar Eduard Douwes Dekker als kind speelde en later rondzwierf, al dan niet platzak. Langs Lauriergracht nummer 37 natuurlijk, waar koffiemakelaardij Last & Co van Max Have-laar (fictief) gevestigd was en waar nog altijd een naambord zit. We kijken omhoog naar het pand van de textielfirma waar hij loopjongen was en horen dat aan 't Singel destijds het logement zat waar zijn zoon geboren is. Ondertussen leest de gids op gezette tijden passende Multatuli-teksten voor uit het literaire wandelboek 'Helaas, ik ben een Amsterdammer'.

Wandelingen op afspraak voor groepen, minimaal vijf personen à €10,- p.p.
Duur: 2 uur

LAST & C<u>O</u>.
MAKELAARS IN KOFFIJ.

THEO THIJSSEN MUSEUM

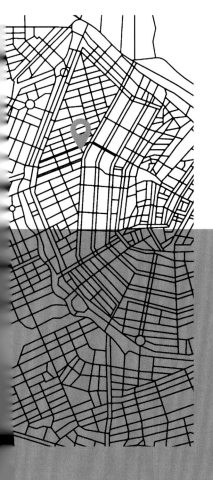

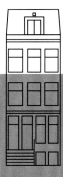

📍 Eerste Leliedwarsstraat 16

📞 020-420 71 19

🕐 Donderdag-zondag 12.00-17.00 uur voor groepen/rondleidingen ook op afspraak

💶 Entree volwassenen: €3,- (geen Museumkaart)

🖱 www.theothijssenmuseum.nl

📍 Eerste Leliedwarsstraat 16

📞 +31 (0)20-420 71 19

🕐 Thursday to Sunday, 12 PM to 5 PM. Also by appointment for groups/ guided tours.

💶 Entrance for adults: €3 (no Museumkaart)

🖱 www.theothijssenmuseum.nl

THEO THIJSSEN MUSEUM

KEES DE JONGEN IN ZWEMBADPAS DOOR DE JORDAAN

HET HUIS

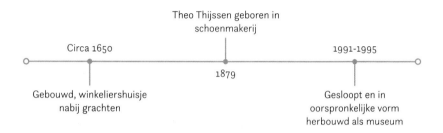

Theo Thijssen geboren in
schoenmakerij

Circa 1650

1991-1995

1879

Gebouwd, winkeliershuisje
nabij grachten

Gesloopt en in
oorspronkelijke vorm
herbouwd als museum

KEES DE JONGEN TROTTING IN THE JORDAAN

THE HOUSE

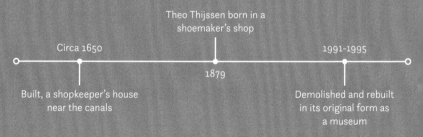

Theo Thijssen born in a
shoemaker's shop

Circa 1650

1991-1995

1879

Built, a shopkeeper's house
near the canals

Demolished and rebuilt
in its original form as
a museum

KIEST 26 APRIL

LIJST 11

- DUIJS, J. E. W.
- CRAMER, Ch. G.
- THIJSSEN, Th. J.
- THOMASSE
- v. d. VALL
- v. d. KIEFT
- SWIERSTRA
- LOPES DI
- KIÈS, P.

Doet op 't stembureau niets anders dan één wit puntje rood maken

Bestuur S.D.A.P.

DE S.D.A.P. STAAT VOORA
IN DEN STRIJD VOOR HE
BEHOUD VAN GO.
VOLKSONDERWIJ

STEMT OP DE LIJST DER S.D.A.P.

JONGENSDAGE

DOOR THEO THIJSS

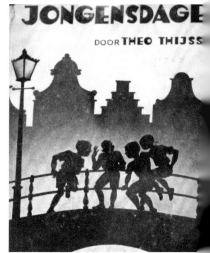

Thijssen

DE ZWEMBADPAS

Theo Thijssen
Verhalen, columns, memoires en romanfragmenten

VAN OORSCHOT

Schrijver Theo Thijssen (1879-1943) werd geboren als schoenmakers-zoon in de Jordaan. De familie Thijssen had niet het hele huis(je) voor zichzelf. In de kelder woonde een groenteboer met zijn gezin. En op de bovenetages woonden twee timmerlieden met hun gezinnen, een sigarenmaker met drie kinderen en nog wat ander volk. Het is nu onvoorstelbaar, maar in de tijd van de kleine Theo woonden er in totaal zeven gezinnen (22 mensen!) in dit smalle, kleine huisje. Net als in bijna alle andere huizen in de Jordaan die destijds vooral bevolkt werden door arbeiders, sjouwers, winkeliers en ambachtslieden die het meestal niet breed hadden.

Author Theo Thijssen (1879–1943) was born in the Jordaan, the son of a shoemaker. The Thijssen family didn't have the whole house to themselves; a greengrocer and his family lived in the cellar, and two carpenters with their families, a cigar maker with three children, and others also lived on the upper floors. It seems inconceivable today, but in young Theo's time, seven families (consisting of 22 people!) lived in this small, narrow house. Almost all the other houses in the Jordaan were similarly overcrowded, and mainly inhabited by labourers, porters, shopkeepers, and craftsmen who struggled to get by.

Op weg naar het Theo Thijssen museum in de Jordaan steken we natuurlijk eerst de Kees de Jongen Brug over (Prinsengracht-Bloemgracht), op weg naar de Eerste Leliedwarsstraat. Daar had zijn vader op de begane grond zijn schoenmakerij. Het gezin woonde achter en had in de achtertuin een duivenplatje.

Heel veel meubels zijn er niet meer in Theo's geboortehuis. Maar gelukkig zijn de grote tafel bij het raam en de stevige, donkerhouten boekenkasten wel origineel. We zitten met de gids te praten in stoelen waarin Theo zelf misschien gezeten heeft. Al deze zware houten meubelen zijn ontworpen door meubelmaker Jan Mens, vriend van de familie. Door zijn contact met Theo Thijssen besloot Jan ook schrijver te worden. Hij werd bekend met de roman 'De Kleine Waarheid'.

Gelukkig zijn er wel veel manuscripten, eerste drukken, foto's, tekeningen, beeld- en geluidsmateriaal en kleine persoonlijke bezittingen bewaard gebleven. Ze zijn een mooie illustratie van het leven van deze schrijver, onderwijzer en overtuigd vakbondsman in de Jordaan rond 1900. Achterin herinnert een ingelijst, keurig donkerblauw jasje ons eraan hoe Theo als onderwijzer voor de klas stond. In die tijd ging hij feuilletons schrijven, 'Kees de Jongen' is een bundeling van die feuilletons.

On the way to the Theo Thijssen museum in the Jordaan, we first cross the Kees de Jongen bridge (Prinsengracht-Bloemgracht) towards the Eerste Leliedwarsstraat. Theo's father had a shoemaker's shop on the ground floor there. The family lived behind the shop and had a pigeon loft in the back garden.

In Theo's childhood home, happily the large table by the window and the sturdy dark wooden bookcases are original. We sit and talk with the guide in chairs in which Theo himself perhaps sat. All this heavy wooden furniture was designed by the joiner Jan Mens, a friend of the Thijssen family. Through his contact with Theo Thijssen, Jan also decided to become an author, and made his name with the novel *De Kleine Waarheid* ('The Little Truth').

Fortunately, many of Theo's manuscripts, first editions, photos, drawings, visual and audio materials, and small personal possessions have been preserved and are on view in the museum. Together they help paint a picture of the life of this writer, teacher, and staunch trade unionist in the Jordaan around 1900. During his time as a teacher, Theo began writing stories in serial form, and *Kees de Jongen* ('Kees the Boy') is a collection of these.

KEES AND THE 'SWIMMING POOL TROT'

Thijssen's famous book *Kees de Jongen* takes place in the Jordaan, and is the sympathetic story of a very ordinary boy of almost twelve years old, with dreams that stretch far beyond the borders of his working-class neighbourhood. Kees dreams of how he would be a great man, and of his first love. Kees dreamed on his way to school and when he did the shopping for his parents. Sometimes, when he was in a hurry, Kees would do his *zwembadpas* ('swimming pool trot'), a kind of speed-walking that he invented. It involved vigorously swinging his arms and almost falling forwards at every step – but readers still can't agree on how exactly to do this (see YouTube for examples but try at your own risk).

AUTOBIOGRAPHICAL?

Theo Thijssen always insisted that his novel *Kees de Jongen* was not autobiographical, despite notable similarities. Theo and Kees were both born the sons of shoemakers in the Jordaan. Both had a father who progressively became more ill and finally died, with dire consequences for the family. Kees' road diverges from his creator's at the age of twelve: Kees seeks employment in order to support his mother, but Theo continued his studies and went to a teacher training college. Theo became a teacher and writer and an ardent trade unionist, just like his father.

WALKING TOURS

In the summer the museum regularly organises walking tours through the Jordaan to explore the world of Theo Thijssen, the backdrop to his youth and to many of his books. Enthusiastic guides, who know every inch of the Jordaan and every quotation from the books, show us their Jordaan. We begin by peering into a building that still has an upper room like the Thijssen house once did.

During our walk, the time of handcarts and grimy gables, of the Eel Riot and the Potato Riot, and the boisterous scenes of long ago comes back to life. The walk ends with – what else? – a demonstration of the 'swimming pool trot'. Be warned, it hurts!

There are also occasional themed walking tours about literature in the Jordaan or Theo Thijssen as a teacher in Amsterdam Oost.

KEES EN DE ZWEMBADPAS

Thijssens bekende *Kees de Jongen* speelt zich af in de Jordaan en is het sympathieke verhaal van een heel gewone jongen van bijna twaalf, met dromen die ver over de grenzen van de Jordaan reikten. Dromen van hoe hij een groot man zou worden en over zijn eerste liefde, de schone Rosa Overbeek. Dromen deed hij op weg naar school of als hij boodschappen deed voor zijn moeder of zijn zieke vader. Voor als hij haast had, bedacht Kees de beroemde zwembadpas. Dat is een snelle manier van lopen waarbij hij zich steeds bijna voorover laat vallen, tegelijkertijd heftig met zijn armen zwaaiend. Literatoren zijn het er nog niet over eens hoe de pas precies gedaan moet worden. (Zie YouTube, nadoen op eigen risico.)

AUTOBIOGRAFISCH?

Theo Thijssen heeft zelf altijd volgehouden dat zijn roman *Kees de Jongen* niet autobiografisch was, maar niemand gelooft dat. Theo en Kees werden beiden geboren als schoenmakerszoon in de Jordaan. Beiden hadden ze een vader die steeds zieker werd en uiteindelijk overleed. Met alle gevolgen van dien voor het gezin. De wegen van Kees en Theo scheidden zich pas op twaalfjarige leeftijd. Kees de Jongen zoekt dan een betrekking, om zijn moeder financieel te kunnen bijstaan. Maar Theo mocht doorleren, hij ging naar de kweekschool. Hij werd onderwijzer en schrijver en een bevlogen vakbondsman, net als zijn vader.

WANDELINGEN

In de zomer organiseert het museum regelmatig rondleidingen door de Jordaan van Theo Thijssen, het decor van zijn jeugd en veel van zijn boeken. Enthousiaste gidsen, die elke steen in de Jordaan en elk citaat uit de boeken kennen, laten hun Jordaan zien. We beginnen bij het pandje aan de overkant dat nog altijd een opkamer heeft net zoals het Thijssenhuis vroeger en gluren naar binnen.

Al wandelend herleeft de tijd van handkarren en smoezelige gevels, van het Paling- en Aardappeloproer en de luidruchtige volkstaferelen van weleer. De wandeling eindigt – hoe kan het anders – met een demonstratie van de zwembadpas. Wees gewaarschuwd, rugklachten zijn een reële optie!

Incidenteel zijn er themawandelingen, over literatuur in de Jordaan of Theo Thijssen als onderwijzer in Amsterdam Oost.

HET WITSENHUIS

📍 Oosterpark 82a
📞 Beperkt toegankelijk (deels museum,
🕐 deels Schrijvershuis).
€ Gratis rondleiding schriftelijk aanvragen
  bij bovenstaand adres
🖱 https://witsenhuis.nl

📍 Oosterpark 82a
📞 Limited access (part museum,
🕐 part house for writers)
€ Free guided tour: apply in writing
  to the above address
🖱 https://witsenhuis.nl

WITSENHUIS

ATELIER VOL TACHTIGERS

HET HUIS

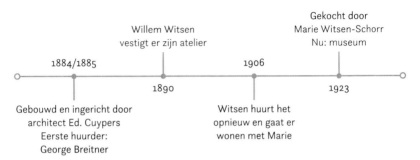

Willem Witsen
vestigt er zijn atelier

Gekocht door
Marie Witsen-Schorr
Nu: museum

1884/1885   1906

1890   1923

Gebouwd en ingericht door
architect Ed. Cuypers
Eerste huurder:
George Breitner

Witsen huurt het
opnieuw en gaat er
wonen met Marie

STUDIO FULL OF
THE 'EIGHTIES' MOVEMENT

THE HOUSE

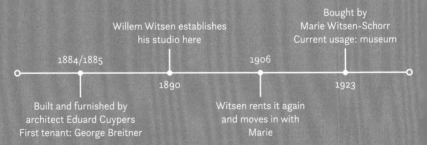

Willem Witsen establishes
his studio here

Bought by
Marie Witsen-Schorr
Current usage: museum

1884/1885   1906

1890   1923

Built and furnished by
architect Eduard Cuypers
First tenant: George Breitner

Witsen rents it again
and moves in with
Marie

WILLEM WITSEN
INTROVERTE GANGMAKER

Willem Arnoldus Witsen (1860-1923) werd geboren in Amsterdam als telg van een welgestelde patriciërsfamilie. Zijn vader was ijzerkoopman, Willem werd kunstenaar, schilder, etser en fotograaf en volgde lessen aan de Rijksacademie. Hij trouwde in 1893 met Betsy van Vloten, werkte aan een oeuvre dat internationaal gretig aftrek vond en won verschillende kunstprijzen. Na zijn scheiding in 1902 hertrouwde hij in 1907 met Marie Schorr.

Willem had een sterke voorkeur voor kunstenaars die tegen de gevestigde orde aanschopten. Hij werd beïnvloed door de Amerikaan James McNeill Whistler. Beiden moesten niets hebben van sentimentaliteit en een geheven vingertje in de kunst. 'Kunst om de kunst', daar ging het om.

Dat rebelse is aan het gemoedelijke interieur in zijn huis niet te zien. En ook niet in zijn werk met veel zachtgele schermertinten, winterse taferelen en melancholische luchten boven oude volksbuurten.

WILLEM WITSEN
INTROVERTED LYNCHPIN

Willem Arnoldus Witsen (1860–1923) was born in Amsterdam, the child of an affluent patrician family. His father was an iron merchant, and Willem became an artist, painter, etcher, and photographer, taking lessons at the Rijksacademie. He married Betsy van Vloten in 1893, worked on an oeuvre that was in great demand internationally, and won various art prizes. After his divorce in 1902, he married Marie Schorr in 1907.

Willem had a strong preference for artists who went against the established order. He was influenced by the American painter James McNeill Whistler. Neither of them had any time for sentimentality or preaching in art. 'Art for art's sake', that's what it was all about.

There is nothing of that rebelliousness to be seen in the cheerful interior of Willem's house. Nor in his work, with its many pale, yellow twilight tints, winter scenes, and melancholy skies above old working-class neighbourhoods.

Twenty years after the death of her husband Willem, his wife Marie quietly climbed the stairs to Willem's untouched living space, where his spirit lived on. In a distant past, when the living floor was still a studio, Witsen worked here, as did George Breitner, and Isaac Israëls, and other members of the 'Eighties' artistic movement who made it their second home.

'Mind your step', the guide urges us, because this historic site is in danger of being irreparably worn away, even though there are relatively few visitors who manage to find this hidden house museum. Before we tiptoe into the living room, we pass by a small, simple kitchen with an old-fashioned worktop where Willem and his friends tried to cook, without much success. But it didn't matter that meals didn't amount to much when friendships were busy blossoming here in the large, welcoming room.

HOUSE IN A MEADOW

The Witsen house towers awkwardly above the town houses on either side: it was the first house in the urban expansion in the east of the city. The design was by Eduard Cuypers, nephew of the renowned architect Pierre Cuypers, and was commissioned by a wealthy young investor with a passion for painting. He bought the land for 5,640 guilders, on the condition that only artists' residences or studios could be built there. The house was rented out first to the thirty-year-old painter George Breitner, who immediately ran up rent arrears. In 1891 Willem Witsen took over the studio on the first floor from Breitner. The cosy room of today was then still a studio, an empty space with plain walls, canvases, easels, and a printing press for etchings (Witsen didn't leave that to others). Like many Amsterdam houses, it looked impressively solid on the outside, but inside the walls were paper-thin. Isaac Israëls, who worked downstairs, complained about the loud noises above his head while he was painting.

'Art for art's sake'

WITSEN ROOM

In 1906 Willem and his new love, Marie Schorr started living upstairs and working downstairs. The living room took its current form at this time, and was filled with artworks, books, photos, and paintings by Witsen and his friends. The 'Witsen room' is still exactly the same as when Willem and Marie made a welcoming meeting place of it. It is full of works by Willem and his colleagues, and his easel with his self-portrait still stands there. Even his painting jacket with paint stains has been preserved, as

Willems tweede vrouw Marie klom nog twintig jaar na de dood van haar Willem stilletjes de trap op. Naar Willems onaangeroerde woonetage, waar de geest van haar grote liefde voortleefde. In een ver verleden, toen de woonetage nog een atelier was, werkte Witsen hier, net als George Breitner, en Isaac Israëls en de Tachtigers die er kind aan huis waren.

'Voorzichtig lopen', maant de rondleidster ons, want dit historisch erfgoed dreigt onherstelbaar te slijten, ook al zijn er maar weinig bezoekers die dit verborgen huismuseum weten te vinden. Voordat we op onze tenen de woonkamer binnengaan, passeren we een kleine, eenvoudige keuken. Met het ouderwetse aanrecht, waar Willem met zijn vrienden probeerde te koken – zonder veel succes. Zo meenden ze dat de rijst wel twee uur moest koken. Dat er van zo'n maaltijd niet veel terechtkwam, gaf niet. De vriendschappen bloeiden in de grote gezellige kamer daarachter.

HUIS IN EEN WEILAND

Het Witsenhuis torent onbeholpen uit boven de stadshuizen aan weerszijden: het was het eerste huis van de stadsuitbreiding in Oost. Het ontwerp was van Eduard Cuypers, neef van architect Pierre Cuypers, in opdracht van een jonge rentenier met een passie voor de schilderkunst, een steenrijke telg uit een bollenkwekersgeslacht. De grond kocht hij voor 5640 gulden, voorwaarde was dat er alleen kunstenaarswoningen of ateliers mochten verrijzen. De rentenier heeft hier zelf nooit gewoond, het huis werd verhuurd, als eerste aan de dertigjarige schilder George Breitner. Al liep hij, berooid als hij was, direct een huurachterstand op. In 1891 nam Willem Witsen het atelier op de eerste verdieping over van Breitner. De gezellige kamer van nu was toen nog atelier, een kale ruimte, met effen muren, doeken, ezels en een etspers (Witsen liet dat niet aan anderen over). Zoals veel Amsterdamse huizen oogde het huis aan de buitenkant indrukwekkend solide, maar was het binnen erg gehorig. Isaac Israëls, die beneden werkte, klaagde over het geklos, gepraat en gelach boven zijn hoofd als hij zelf aan het schilderen was.

'Kunst om de kunst'

WITSENKAMER

In 1906 ging Willem, met nieuwe liefde en tweede vrouw Marie Schorr, boven wonen en beneden werken. De woonkamer kreeg toen de vorm die ze nog heeft en vulde zich met kunstvoorwerpen, boeken, foto's en schilderijen van vrienden en Witsen zelf, tot hij in 1923 stierf. De 'Witsen-

kamer' is nog net zo ingericht als toen Willem en Marie er een gastvrije ontmoetingsplaats van maakten. Het hangt er vol werk van Willem en zijn collega's en zijn schildersezel met zijn zelfportret staat er nog. Zelfs zijn schildersjasje met verfstrepen aan de linkermouw is bewaard. Net als foto's die Willem, een begenadigd fotograaf, van zijn vrienden maakte. Het feest zou zo weer kunnen beginnen, tussen deze muren met het prachtige handgedrukte behang met gestileerde, paars-gele schermbloemen, ontworpen door hun vriend de vormgever Theo Nieuwenhuis. Behalve de originele 'Witsenkamer' mogen we ook de 'Verlainekamer' ernaast bezoeken. Dit was ooit Willems slaapkamer, maar ook de kamer waar de beroemde Franse 'prins der dichters' Paul Verlaine logeerde in 1892.

NIET ARMLASTIG

Al is het fraaie behang inmiddels verkleurd en hangt er een bruingeel patina over het interieur, we zien aan het mooie antieke meubilair in de woonkamer dat Willem een rijkeluiszoon was en geen armlastige kunstenaar. Anders dan zijn schildersvrienden zoals George Breitner, Isaac Israëls, Eduard Karsen, die soms geld kwamen lenen. Met hen en schrijvers als Lodewijk van Deyssel, Albert Verwey, Willem Kloos en Herman Gorter discussieerde

have photos that Willem – a gifted photographer – took of his friends. It feels like the party is about to start again at any moment, within these walls, with their beautiful hand-printed wallpaper of stylised purple and yellow flowers, designed by their friend, the designer Theo Nieuwenhuis. We can also visit the adjacent 'Verlaine room', which was once Willem's bedroom, but also where the famous French 'Prince of Poets' Paul Verlaine stayed in 1892.

NOT IMPOVERISHED

Even though the attractive wallpaper is now discoloured and a yellow-brown patina hangs over the interior, the fine antique furniture in the living room reveals that Willem was the son of a wealthy family and not an impoverished artist – unlike his painter friends, such as George Breitner, Isaac Israëls, and Eduard Karsen, who sometimes came to borrow money. Night after night Willem discussed art with them, and with writers like Lodewijk van Deyssel, Albert Verwey, Willem Kloos, and Herman Gorter. They founded the well-known literary journal *De Nieuwe Gids* ('The New Guide'), the mouthpiece of the 'Eighties Movement'. Because Willem had the deepest pockets, he supported the journal and his friends when necessary.

TAKE A WALK, OR FIRST A DRINK?

Before Willem and his friends came to drink their nightcaps at Ooster-park 82, they had often already completed an impressive pub crawl: from the artists' society Arti et Amicitiae on the Rokin, via a dinner at Die Port van Cleve (Nieuwezijds Voorburgwal) and Café Mast to Café De Kroon on the Leidseplein, and potentially many more. Freek Heijbroek, former con-servator of the Print Room in the Rijksmuseum, is a fan of Witsen and brings Witsen and his world to life through photos and anecdotes in his book, with descriptions of Willem's works and his surroundings, which can be used to trace Willem Witsen's footsteps.

Freek Heijbroek: *Willem Witsen en Amsterdam, twee wandelingen door de stad rond 1900* ('*Willem Witsen and Amsterdam, two walks through the city around 1900*') (Toth Publishers).

A HOUSE FOR WRITERS

For twenty years after Willem's death, Marie Witsen continued to live in this house, where the world of the 'Eighties' movement remained frozen in time. Eventually the widowed Marie, herself the heir of a rich family, made a decision. She bought the house and donated it to the state with the contents of the first floor, and stipulated that this storey must remain unchanged forever.

In the rest of the house, living space was created for impoverished writ-ers to temporarily live free of charge to work on their books. Many writers applied for this space, from Jacques Bloem to Thomas Roosenboom, who completed his novel *Gewassen vlees* ('Bathed Meat') here. Marga Minco wrote *Het Bittere Kruid* ('The Bitter Herb') here. So, this house for paint-ers became a house for writers. The rumour, according to the neighbours, was that Marie got so fed up with the wild parties filled with nude artists' models that she decided quiet writers made better tenants than painters.

Jessica Voeten lived in the Writers' House as a child with her parents Marga Minco and Bert Voeten. She wrote *Het Witsenhuis* ('The Witsen House') (Amsterdam 2003) about the experience of living in this building.

Willem avondenlang over kunst. Ze richtten het bekende literaire tijdschrift De Nieuwe Gids op, de spreekbuis van de Tachtigers. Omdat Willem het best bij kas was, steunde hij het tijdschrift en zijn vrienden waar nodig.

WANDELEN OF EERST NAAR HET CAFÉ?

Voordat Willem en zijn vrienden hun afzakkertjes op Oosterpark 82 kwamen drinken, hadden ze vaak al een indrukwekkende kroegentocht achter de rug: van kunstenaarssociëteit Arti et Amicitiae op het Rokin, via een diner bij Die Port van Cleve (Nieuwezijds Voorburgwal) en café Mast naar café de Kroon op het Leidseplein en nog vele andere. Zo zijn er vele andere plekken in de stad waar we Willem Witsens voetstappen kunnen terugvinden. Witsenliefhebber Freek Heijbroek, oud-conservator van het Prentenkabinet (Rijksmuseum), brengt Witsen en zijn wereld tot leven in sfeer, foto's en anekdotes in zijn boek. Met beschrijvingen van zijn werken en de omgeving die hij in beeld bracht.
Freek Heijbroek: Willem Witsen en Amsterdam, twee wandelingen door de stad rond 1900 (Uitgeverij Toth).

SCHRIJVERSHUIS

Twintig jaar leefde Marie Witsen daarna nog in dit huis, waar niets meer veranderde. Het werd allengs stiller tussen die herinneringen, bestaande uit 540 stuks meubels, Chinees porselein, tapijten en werken van Willem zelf, weten we uit een taxatierapport.

Weduwe Marie, zelf erfgename van een rijke familie, nam een besluit. Ze kocht het huis, schonk het aan de staat met het interieur van de eerste verdieping en al, en bepaalde dat deze verdieping onveranderd moest blijven. Voor altijd.

In de rest van het huis moest woonruimte komen waar 'armlastige schrijvers' tijdelijk gratis mochten wonen om aan een boek te werken. Veel schrijvers 'solliciteren' naar deze ruimte, van Jacques Bloem tot Thomas Roosenboom die er zijn roman 'Gewassen vlees' voltooide. Marga Minco schreef hier 'Het Bittere Kruid'. Zo werd dit schildershuis een schrijvershuis. Gerucht: volgens de buren had Marie zo genoeg van de dolle feesten met naakte schildermodellen in de tuin dat ze voor rustige schrijvers in plaats van beeldende kunstenaars koos...

Jessica Voeten woonde als kind met haar ouders, schrijvers Marga Minco en Bert Voeten, in het Schrijvershuis. Zij schreef 'Het Witsenhuis' (Amsterdam 2003).

ATELIER VOLTEN

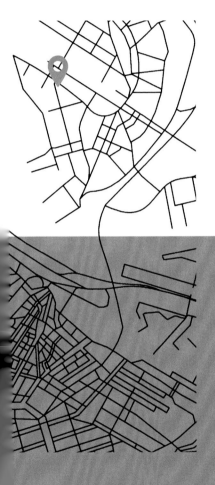

📍 Asterdwarsweg 10
📞 06-543 64 109
   (Trude Hooykaas)
🕐 Vrijdag t/m zondag 13.00 - 17.00 uur
↖ www.andrevolten.nl

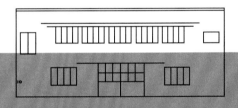

📍 Asterdwarsweg 10
📞 Telephone: +31 (0)6 543 64 109
   (Trude Hooykaas)
🕐 Friday - Sunday 1 PM - 5 PM
↖ www.andrevolten.nl

VILLA VOLTEN

ATELIER IN 'VERGETEN GETTO'

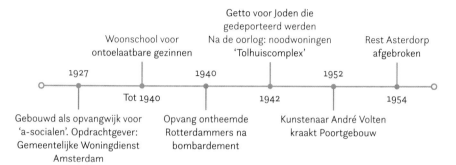

HET HUIS

| | | Getto voor Joden die gedeporteerd werden | | |
| Woonschool voor ontoelaatbare gezinnen | | Na de oorlog: noodwoningen 'Tolhuiscomplex' | | Rest Asterdorp afgebroken |

1927 — Tot 1940 — 1940 — 1942 — 1952 — 1954

Gebouwd als opvangwijk voor 'a-socialen'. Opdrachtgever: Gemeentelijke Woningdienst Amsterdam

Opvang ontheemde Rotterdammers na bombardement

Kunstenaar André Volten kraakt Poortgebouw

AN ARTIST'S STUDIO IN THE 'FORGOTTEN GHETTO'

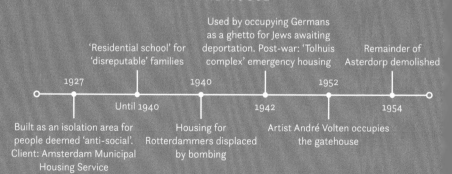

THE HOUSE

Used by occupying Germans as a ghetto for Jews awaiting deportation. Post-war: 'Tolhuis complex' emergency housing

'Residential school' for 'disreputable' families

Remainder of Asterdorp demolished

1927 — Until 1940 — 1940 — 1942 — 1952 — 1954

Built as an isolation area for people deemed 'anti-social'. Client: Amsterdam Municipal Housing Service

Housing for Rotterdammers displaced by bombing

Artist André Volten occupies the gatehouse

ANDRÉ VOLTEN

André Volten (1925–2002, Andijk) was born into a family of fishermen, and his childhood years were coloured by austerity and poverty. After secondary school – and a brief spell at the Institute for Craftwork Training in Amsterdam – he spent four years in Brussels, where his interest in abstract art was kindled. In 1950, by now a fully-fledged painter and sculptor, he returned to Amsterdam and went to work at the NDSM shipyard in Amsterdam Noord to learn welding. This skill turned out to be essential for his later constructivist sculptures. Volten made numerous artworks for public spaces, and his monumental works in steel and stone can be seen in many cities. In Amsterdam, we find his bent double pillars on the Minerva-laan, as well as his totem-pole-like sculpture *Anthony Winkler Prins* (1970), a monument on the Frederiksplein square to the 'father' of the Dutch ency-clopaedia. This work, situated in the shadow of the Nederlandsche Bank, is nicknamed the 'pile of dimes' because its silver discs resemble coins.

'*A look inside Villa Volten' (in Dutch) on Amsterdam local TV:*
www.youtube.com/watch?v=FsNC4Um9iSM

ANDRÉ VOLTEN

André Volten (1925-2002, Andijk) werd geboren als visserszoon. Soberheid en zelfs armoede kleurden zijn kinderjaren. Na de HBS en een korte opleiding aan het Instituut voor Kunstnijverheidsonderwijs in Amsterdam, vertrok hij voor vier jaar naar Brussel, waar zijn belangstelling voor abstracte kunst ontstond. In 1950 keerde hij terug als schilder en beeldhouwer en ging hij werken op de NDSM-scheepswerf in Amsterdam-Noord om te leren lassen, een must voor zijn latere constructivistische beelden. Volten maakte veel beeldende kunst voor openbare ruimtes. Zijn monumentale werken van staal of steen zijn in veel steden te zien. Bijvoorbeeld de geknikte pilaren aan de Minervalaan. Of het monument op het Frederiksplein voor A. Winkler Prins, de vader van de encyclopedie. Dit totempaalachtige werk in de schaduw van de Nederlandsche Bank kreeg de bijnaam 'knakenpaal', omdat de schijven op munten lijken.

Binnenkijken bij Atelier Volten met AT5:
www.youtube.com/watch?v=FsNC4Um9iSM

André
Volten

We gaan in Amsterdam-Noord op zoek naar sporen van André Volten, een van de grootste beeldhouwers van de vorige eeuw. We vinden hier zijn atelier en woonhuis vol abstracte kunst. Maar we worden er ook geconfronteerd met de laatste resten van Asterdorp, een plek waar Amsterdam misschien minder trots op is. Want Volten woonde in het vroegere poortgebouw van Asterdorp, het afgebroken heropvoedingsdorp en latere getto. Een bezoek aan een bijna vergeten stukje stad dat zonder Voltens tussenkomst voorgoed verdwenen zou zijn.

André Volten kwam hier wonen in 1952, (illegaal, als kraker avant la lettre) in het poortgebouw van het verlaten Asterdorp. Een paar jaar later werd de rest van het dorp afgebroken. Als het aan de gemeente had gelegen, inclusief het poortgebouw. Maar André en zijn vrouw wisten van geen wijken en bleven er wonen tot zijn dood in 2002. We worden rondgeleid door Trude Hooykaas van de Stichting André Volten die zo'n 800 nagelaten werken beheert. Ze wijst ons de oude muren en de ingang van het poortgebouw. Hier had André Volten zijn werkplaats en opslag voor zijn grote houten, stenen en stalen werken. De ruimte is intussen gerestaureerd en wordt gebruikt voor exposities, maar het voelt er nog gepast

In Amsterdam Noord we're going in search of the legacy of André Volten, one of the greatest sculptors of the 20th century. Here we find his studio and home, filled with abstract art. But we're also confronted with the last remnants of Asterdorp, a place Amsterdam is perhaps less proud to remember. We're here because Volten lived in the former gatehouse of Asterdorp, an area that had previously served as a re-education camp and later a ghetto. Join us on a visit to this almost forgotten part of the city, which would have disappeared forever without Volten's intervention.

André Volten came to live here in 1952 (illegally as a squatter before this was a common practice) in the gatehouse of the deserted Asterdorp neighbourhood. The rest of the 'village' was demolished a few years later. If the city council had had its way, demolition would have included the gatehouse, but André and his wife would not be moved, and they carried on living here until André's death in 2002. We are shown around by Trude Hooykaas of the André Volten Foundation, which curates some 800 of his works. She points out the old walls and the entrance to the gatehouse. Here André Volten had his workshop and a storeroom for his enormous

ANDRE VOLTEN

144.
atelier

wooden, stone, and steel artworks. The space has now been restored, but it still has an appropriately industrial feel, with many steel and wooden furnishings and details. All created by Volten, of course, including the beautiful, extremely heavy stools we are sitting on. At the back of the studio a group of students from the University of Amsterdam is meticulously restoring Volten's abstract paintings as part of their studies. 'This is all early work by him from the 1950s', Trude Hooykaas explains. 'Not many people are familiar with it. But it marked the beginning of his artistic quest, which moved from two-dimensional to three-dimensional.'

THE LIVING AREA

We follow Trude as she opens the heavy steel door (also by Volten) and leads us to the upper storey. The former living area is crammed with small wooden images, beautiful maquettes in all shapes and sizes, steel rings and pillars, and much more. The high-ceilinged, white-painted space contains hundreds of different forms and colours and is a feast for the eyes – making it hard to know where to look first! In a corner under one of the many windows we find an old divan. By another window hangs a rack with chisels and other tools. It's a cold, rainy day, but the view over Amsterdam Noord is still magnificent. 'And it's nice and warm everywhere here, because under-floor heating was installed all that time ago!' That's convenient for the student who lives here as a caretaker and 'anti-squat' watchman. His drum kit is carefully covered up so as not to disturb the ambiance. But given the nature of his artworks, Volten would have likely been a fan of heavy metal!

industrieel, met veel stalen en houten meubels en details. Allemaal van
de hand van de meester natuurlijk, inclusief de prachtige, loodzware
krukjes waarop we zitten. Achterin wordt gewerkt, een groep UvA-stu-
denten restaureert daar, als onderdeel van hun studie, nauwgezet Voltens abstracte schilderijen. 'Dat is allemaal vroeg werk van hem uit de
vijftiger jaren,' legt Trude Hooykaas uit. 'Veel mensen kennen het niet.
Maar het was het begin van zijn artistieke zoektocht, die van twee- naar
driedimensionaal ging.'

DE WOONETAGE

We volgen Trude als ze de zware stalen deur (ook van Volten) opent en
ons voorgaat naar de bovenetage. De voormalige woonetage staat overvol
met kleine houten beelden, prachtige maquettes in alle maten en soor-
ten, stalen ringen en pilaren en nog veel meer. De hoge witgeschilderde
ruimte met de honderden verschillende vormen en kleuren is een lust
voor het oog. We weten bijna niet waar we het eerst moeten kijken. In een
hoek onder een van de vele ramen vinden we de oude divan nog. Bij een
ander raam hangt een rek met beitels en ander gereedschap. Ondanks de
koude, regenachtige dag is het uitzicht over Amsterdam-Noord groots. 'En
het is hier overal heerlijk warm, want er is destijds al vloerverwarming
aangelegd!' vertelt Trude Hooykaas. Prettig ook voor de student die hier
anti-kraak woont als huisbewaarder. Zijn drumstel staat zorgvuldig ver-
dekt opgesteld om de ambiance niet te verstoren. Al zou Volten wat heavy
metal vast gewaardeerd hebben.

ASTERDORP
SCHOREM-, GETTO- EN NOODDORP

Asterdorp begon in 1927 als ommuurde wijk met ruim 130 kleine woningen voor 'ontoelaatbare' gezinnen. De gemeente had dit laten bouwen
op een verlaten terrein in Noord. Asociale Amsterdammers, dagloners,
grote, arme gezinnen uit krotwoningen in de Jordaan, ze moesten hier in
de 'woonschool' heropgevoed worden tot nette burgers, zodat ze konden
doorstromen naar sociale woningen. Opzichteressen hielden in de gaten
of de huizen opgeruimd en schoon genoeg waren. Al zaten de Asterdorpers ver van de bewoonde wereld, gevangen zaten ze niet: de poort stond
altijd open. Maar van het heropvoeden kwam weinig terecht, en van het
doorstromen ook niet. Sommige gezinnen woonden er jarenlang, anderen gingen liever terug naar hun oude krotwoning. Tegen 1940 waren de
meeste bewoners weggetrokken. Na het bombardement van mei 1940
woonden er tijdelijk Rotterdammers die hun huis verloren hadden. In
de eerste oorlogsjaren maakten de Duitsers een getto van het ommuurde
Asterdorp, bestemd voor Joden die op transport gesteld zouden worden.
Het vergeten getto (documentaire) www.npostart.nl

ASTERDORP
ISOLATION AREA FOR 'UNDESIRABLES',
A GHETTO AND EMERGENCY HOUSING

Asterdorp began in 1927 as a walled-in neighbourhood with over 1,300 small
houses for 'disreputable' families. The city council had it built on a derelict
site in Amsterdam Noord. 'Antisocial' Amsterdammers, day labourers, and
large, poor families from the slums of the Jordaan were relocated here to be
re-educated as respectable citizens in the 'residential school', so that they
could ultimately move on to 'normal' social housing. Female superinten-
dents kept a close eye on whether the houses were clean and tidy. Although
the Asterdorpers lived apart from the 'civilised world', they weren't impriso-
ned: the gate was always open. But their re-education was not a great success, and neither was the idea of moving on. Some families lived here for
years, while others preferred to return to their old familiar slums. By 1940
most of the residents had left. After bombing raids in May 1940, Rotterdammers who had lost their homes were housed here temporarily. In the early
years of the war, the occupying Germans turned walled-in Asterdorp into a
ghetto, intended for Jews awaiting deportation. The forgotten ghetto (documentary, in Dutch) www.npostart.nl

ANNE FRANK HUIS

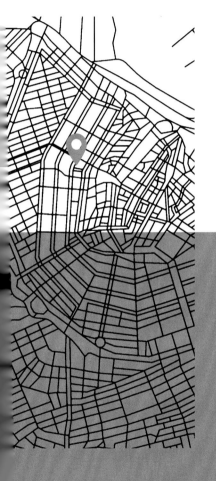

📍 *Prinsengracht 263-267*
  (ingang: Westermarkt 20)
📞 *020-556 71 05*
🕐 *Dagelijks 9.00 - 17.00 uur*
€ *Entree volwassenen: €14,-*
  (alleen online tickets)
🔗 *www.annefrank.org*

📍 *Prinsengracht 263-267*
  (entrance: Westermarkt 20)
📞 *+31 (0)20-556 71 05*
🕐 *Daily 9 AM - 5 PM*
€ *Entrance: €14,- (online tickets only)*
🔗 *www.annefrank.org*

ANNE FRANK HOUSE

LEVEN IN HET ACHTERHUIS

HET HUIS

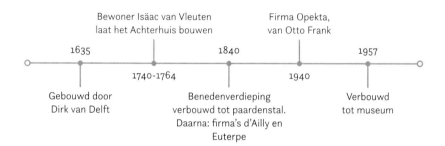

Bewoner Isäac van Vleuten laat het Achterhuis bouwen

Firma Opekta, van Otto Frank

1635

1840

1957

1740-1764

1940

Gebouwd door Dirk van Delft

Benedenverdieping verbouwd tot paardenstal. Daarna: firma's d'Ailly en Euterpe

Verbouwd tot museum

LIFE IN THE SECRET ANNEX

THE HOUSE

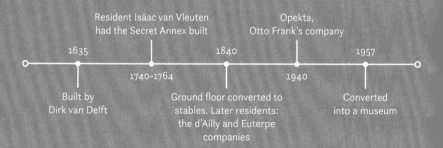

Resident Isäac van Vleuten had the Secret Annex built

Opekta, Otto Frank's company

1635

1840

1957

1740-1764

1940

Built by Dirk van Delft

Ground floor converted to stables. Later residents: the d'Ailly and Euterpe companies

Converted into a museum

HET ACHTERHUIS

Het Achterhuis van Otto Franks bedrijfspand aan de Prinsengracht werd in 1942 ingericht als onderduikplek voor het gezin Frank en later nog vier andere joodse onderduikers.

Medewerkers van het bedrijf, Miep Gies en Bep Voskuijl, Johannes Voskuijl en Victor Kugler, hielpen de onderduikers aan voedsel(bonnen) en andere benodigdheden. Beps vader timmerde eigenhandig de boekenkast die de geheime toegang tot het Achterhuis verbergt.

In 1944 werden de onderduikers gearresteerd en werd het Achterhuis door de nazi's leeggehaald. Het is nog altijd leeg. Dat wilde vader Otto Frank zo toen hij als enige overlevende na de oorlog terugkeerde.

Sinds kort kunnen we dankzij een virtuele rondleiding zien hoe alle kamers van het Achterhuis eruitzagen toen de onderduikers zich hier verscholen. Blijf eens wat langer (virtueel) in Annes kamertje hangen, dan komt de benauwdheid vanzelf op je af!

De Anne Frank House VR-tour duurt 25 minuten. Wie een eigen VR-bril heeft, kan de tour gratis downloaden in de Oculus appstore.

THE SECRET ANNEX

In 1942, the rear part of Otto Frank's business premises on the Prinsengracht was fitted out as a hiding place for the Frank family, and, later, four other Jewish people who had been forced into hiding.

Four employees of the company – Miep Gies, Bep Voskuijl, Johannes Voskuijl, and Victor Kugler – helped supply those in hiding with food, ration book coupons, and other essentials. Bep's father made the bookcase that hid the entrance to the 'Secret Annex' with his own hands.

In 1944 the people in hiding were arrested, and the Secret Annex was emptied by the Nazis. It is still empty: Otto Frank wanted it that way when he returned as the only survivor after the war.

Now, thanks to a virtual tour, we can see what the rooms of the Secret Annex looked like when the Franks were hiding there.

The Anne Frank House virtual reality tour lasts 25 minutes. If you have your own VR headset you can download the tour free of charge from Oculus in the app store.

De absolute must van de Amsterdamse musea: het Anne Frank Huis. Iedere Amsterdammer kent het museum van de lange wachtrijen voor de deur. Bijna iedere toerist stond weleens in die rij. Tegenwoordig is er geen rij meer, want de kaartverkoop is alleen nog maar online (met tijdslot). Tijd voor een hernieuwde kennismaking met het huis, zowel virtueel als in het echt.

Het is Allerzielen, een koude maandagochtend in november, halftien, de Westerkerk en het Anne Frank Huis steken af tegen een staalblauwe lucht. Ik neem een audiotour mee en kom via een trappetje eerst in het magazijn van de firma Opekta en dan bij het bordje 'kantoor'. Dat is alles wat er over is van het bedrijf van vader Otto Frank. De deuren en het behang zijn stemmig vooroorlogs geelbeige. Meubels staan er niet meer, maar foto's laten zien hoe het er vroeger uitzag.

INGANG ACHTERHUIS

Nog een nauwe, oude houten trap op en ik sta in de vroegere bedrijfsopslagruimte. Ook hier een ouderwets behang en deuren met dito houten draaiknoppen. Opnieuw geen meubels, alleen wat aandenkens, zoals Annes knikkerblik. En de laatste briefkaart die de familie Frank ooit verstuurde voordat ze onderdoken. De boekenkast die de geheime ingang naar het Achterhuis verbergt, staat opengedraaid, zodat ik het door de Duitsers leeggehaalde Achterhuis binnen kan gaan.

SCHUILPLAATSEN

De eerste kamer is die waar vader en moeder Frank en dochter Margot sliepen. Het is er halfdonker, want de ramen die op de grachtentuin uitkijken zijn verduisterd. Geelbruin behang is over de kastdeuren geplakt. Ernaast is de kamer die Anne moest delen met de 54-jarige tandarts Fritz Pfeffer. Niet iets waar een tienermeisje op zat te wachten natuurlijk. Anne vrolijkte haar kamer op door foto's van filmsterren en royals op de muur te plakken, boven het bureautje waaraan ze in haar rood geruite dagboek schreef. Maar toch, het moet benauwd geweest zijn met zo veel mensen in die kleine kamertjes. Jarenlang op elkaars lip, geen daglicht, stil moeten zijn. Naast Annes kamer, achter de knalgroene deur, is de badkamer met wc. Die mochten ze overdag niet gebruiken, omdat medewerkers van het bedrijf beneden dan water konden horen lopen.

DE BOVENETAGE

Op de etage erboven woonde de familie Van Pels. Hun slaapkamer was overdag de gemeenschappelijke woonkamer van alle onderduikers. Er ligt een menukaart van het diner dat de onderduikers gaven voor helpers

Uitgang / Exit →
Garderobe / Cloak room →

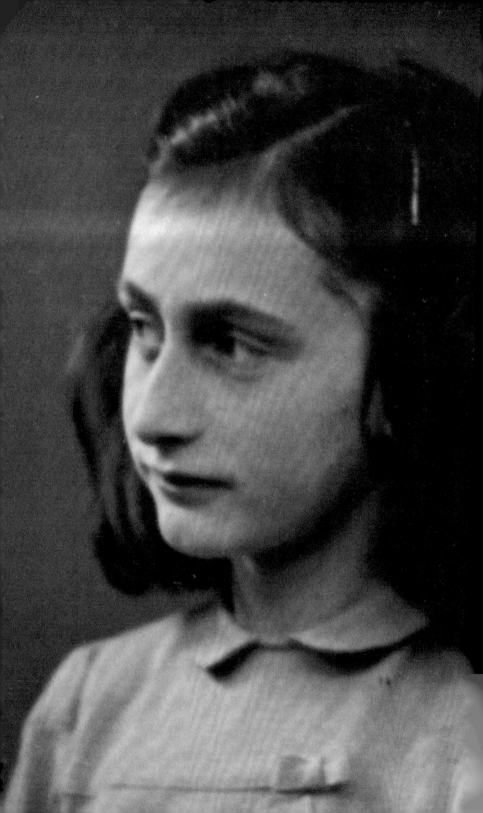

The absolute must of the Amsterdam museums: the Anne Frank House. Every Amsterdammer knows the museum from the long queues in front of the door. And plenty of tourists have stood in that queue. But today the queues are gone, thanks to online ticket sales (for a timed entry slot). Time to get to know the house anew, both virtually and in the real world.

It's All Souls Day, a cold Monday morning in November, nine thirty, with the Westerkerk and the Anne Frank House silhouetted against the steel-blue sky. I take an audio set with me and enter the warehouse of the Opekta company and then walk to a sign reading 'Office'. This is all that remains of Otto Frank's business. The doors and the wallpaper are a subdued pre-war yellow-beige. There is no furniture anymore, but photos show what it looked like before.

ENTRANCE TO THE SECRET ANNEX

I climb another narrow old wooden staircase and I'm standing in the former office storeroom. There's old-fashioned wallpaper here, too, and doors with outmoded handles. No furniture, only a few mementos, such as Anne's box of marbles, and the last postcard the Frank family sent before they went into hiding. The bookcase that hides the entrance to the Secret Annex stands open, so I enter the space that was emptied by the Nazis.

HIDING PLACES

The first room is the one where Anne's parents and her sister Margot slept. It is in semi-darkness, because the windows that look out on the garden are covered. Yellow-brown wallpaper has been pasted over the cupboard doors. Next door is the room that Anne had to share with the 54-year-old dentist Fritz Pfeffer. Not something that a teenage girl would exactly look forward to. Anne brightened up her room by sticking photos of film stars and royal families on the wall above the desk where she wrote in her diary, with its red checked cover. But it must have been stifling with so many people in these small rooms. Living on top of each other for years, with no daylight, and always having to be silent. Next to Anne's room, behind the bright green door, is the bathroom and toilet. They couldn't be used in the daytime, for fear of employees of the company below hearing the running water.

THE TOP FLOOR

The Van Pels family lived on the upper floor. During the day their bedroom was used as the communal living room for all the people in hiding. It wasn't easy feeding this many people in secret, especially with the food

shortages. On a menu for the dinner given for Miep and Jan Gies to mark their first wedding anniversary, beside 'gravy' is written, 'please use as little as possible, in connection with reduction of the butter ration'. In the corner, a fine old kitchen counter has been preserved. Just outside the room, halfway under the stairway to the attic, is the open room of Peter van Pels, the boy Anne was attracted to for a while. Unfortunately, it's not possible to visit the attic where the food was stored, which is unfortunate, because that's where Anne gazed out of a window at her beloved chestnut tree. We have to content ourselves with a mirror in Peter's small room, in which we can see the attic and its window reflected.

'I still believe, in spite of everything, that people are truly good at heart.'

ANNE FRANK

DEPORTATION LIST

It is very painful to see the deportation list in the exhibition space with the names of the Frank family on it, and the reports from the concentration camps where they were sent. We still don't know who betrayed the eight people in hiding in the Secret Annex. Was it warehouse foreman Van Maaren? The wife of the warehouse man? A business acquaintance of Otto Frank's with Nazi sympathies? Or the sister of Bep Voskuijl? Or were they discovered by pure chance? In any case, around ten thirty on the warm summer evening of Friday 4 August 1944, a car carrying one German and two Dutch policemen arrived at Prinsengracht 263 to arrest the families in hiding. We will probably never know the exact circumstances, not even after new research joined forces with the FBI to study this 'cold case'.

OTTO'S ANNE

Within the museum, there's a film in which Otto Frank describes how he was given Anne's diary by Miep Gies, who had kept it safe during the war. Although it took him a long time before he could bring himself to read it, when he did, he discovered things he had never known about his daughter.

   At the end of the tour there is Anne Frank's original dairy and a book of her favourite quotations and stories that she wrote. After all, she was determined to become a famous writer.

Miep en Jan Gies, ter ere van hun eenjarig huwelijk. Dat viel niet mee door de voedseltekorten. Er staat bij 'jus' dan ook: *minimaal gebruiken svp, in verband met verlaging van het boterrantsoen.* In de hoek is een prachtig oud aanrecht bewaard gebleven. Net buiten de kamer, half onder de zoldertrap, is het doorloopkamertje van zoon Peter van Pels, de jongen die Anne een tijdje zo leuk vond. De zolder waar het voedsel werd bewaard, kunnen we niet bezoeken. Jammer, want daar keek Anne uit het zolderraam naar haar beroemde kastanjeboom. Nu moeten we het doen met een spiegel in Peters kamertje bovenaan de zoldertrap, waarin we de zolder en het zolderraam kunnen zien.

'Ondanks alles geloof ik in de innerlijke goedheid van de mens'

ANNE FRANK

DEPORTATIELIJST

Het is heel wrang om daarna in de museumzaal de deportatielijst te zien waar de familie Frank op staat. En de administratiekaartjes uit de kampen waar ze heen gestuurd werden. We weten nog altijd niet wie de acht onderduikers in het Achterhuis verraden heeft. Was het magazijnchef Van Maaren? De vrouw van de magazijnknecht? Een zakelijke kennis van Otto Frank met NSB-sympathieën? Of de zus van Bep Voskuijl? Of zijn ze door stom toeval ontdekt? Hoe het ook zij, er stopte rond half elf op die warme zomerochtend van vrijdag 4 augustus 1944 een auto met een Duitse en twee Nederlandse politiemensen voor Prinsengracht 263. De precieze toedracht zullen we waarschijnlijk nooit weten. Zelfs niet nu nieuwe onderzoekers in 2022 met medewerking van de FBI de cold case bekeken heeft.

OTTO'S ANNE

Verderop in het museum draait een film waarin Otto Frank vertelt hoe hij het dagboek van zijn overleden dochter kreeg van Miep Gies, die het tijdens de oorlog bewaard had. Het duurde een tijd voordat hij zich er eindelijk toe kon zetten om het te lezen, maar toen ontdekte hij in het dagboek veel dingen over zijn Anne die hij nooit geweten had, vertelt hij. Aan het eind van de tour kom ik beneden bij Anne Franks originele dagboeken en een boek met mooie zinnen en verhalen die Anne geschreven heeft. Ze was immers vastbesloten om een beroemd schrijfster worden.

OPEN JOODSE HUIZEN

Rond 4 en 5 mei organiseert Open Joodse Huizen jaarlijks 'Sprekende Herdenkingen'. Getuigen, nabestaanden en huidige bewoners staan dan stil bij de levensverhalen van joodse oorlogsslachtoffers. De kleinschalige bijeenkomsten vinden plaats op diverse locaties, in woonhuizen, maar ook in musea, hotels of scholen (ook in andere steden). Ook het woonhuis van Anne Frank aan het Merwedeplein, waar zij voor de onderduik woonde, is dan vaak geopend.
www.openjoodsehuizen.nl

LUISTERDAGBOEK

Anne Franks dagboek als luisterboek is in het Nederlands ingesproken door Carice van Houten. De Engelstalig versie staat op YouTube.

OPEN JEWISH HOMES

Every year, Open Jewish Homes organises 'living commemorations' in early May. Eyewitnesses, descendants, and current residents reflect on the lives of Jewish victims of the Holocaust. The small-scale gatherings take place in a variety of locations throughout Holland: in homes, in museums, hotels, or schools. Anne Frank's home on the Merwedeplein, where the family lived before they were forced into hiding, is often opened to the public at this time.
www.openjoodsehuizen.nl

AUDIO DIARY

An English language recording of Anne Frank's diary is available on YouTube.

HET HUIS VAN GISÈLE

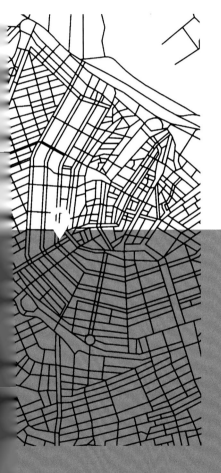

📍 *Herengracht 401*
(entree om de hoek in de Beulingstraat)
📞 *020-623 52 87*
🕐 *Bezoek en rondleidingen alleen op afspraak*
op woensdag- of donderdagochtend
€ *Entree per groep van maximaal 12 personen:*
↖ *€120,- (geen Museumkaart)*
www.h401.org

📍 *Herengracht 401 (entrance around*
the corner in the Beulingstraat)
📞 *+31 (0)20-623 52 87*
🕐 *Visits and tours by appointment only,*
on Wednesday and Thursday mornings
Entrance per group (maximum 12 people):
€ *€120 (no Museumkaart)*
↖ *www.h401.org*

GISÈLE D'AILLY
HOUSE

AMSTERDAM ONBEWOLKT

Amsterdam - 100 jaar gezien

IN THE PRESENCE OF SPIRITS

ONDERDUIKEN
IN EEN TIJDCAPSULE

HET HUIS

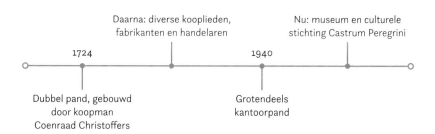

Daarna: diverse kooplieden,
fabrikanten en handelaren

Nu: museum en culturele
stichting Castrum Peregrini

1724

1940

Dubbel pand, gebouwd
door koopman
Coenraad Christoffers

Grotendeels
kantoorpand

HIDING PLACE
AS TIME CAPSULE

THE HOUSE

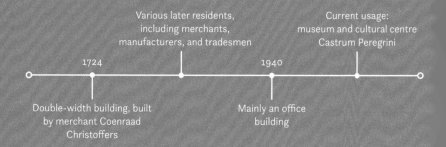

Various later residents,
including merchants,
manufacturers, and tradesmen

Current usage:
museum and cultural centre
Castrum Peregrini

1724

1940

Double-width building, built
by merchant Coenraad
Christoffers

Mainly an office
building

100 JAAR GISÈLE

Gisèle d'Ailly-van Waterschoot van der Gracht (1912-2013) werd geboren in Den Haag, als dochter van de Oostenrijkse barones Josephine von Hammer-Purgstall en geoloog mr. W.A.J.M. van Waterschoot van der Gracht. Ze groeide op in de Verenigde Staten en Oostenrijk en volgde een kunstopleiding in Parijs. In Limburg leerde ze van Joep Nicolas het glazeniersvak. In 1939 ontmoette ze via dichter Adriaan Roland Holst (Jani) de Duitse Wolfgang Frommel. Samen met Frommel verborg ze joodse onderduikers in haar Amsterdamse appartement. Ze kreeg een onderscheiding (Yad Vashem) voor haar verzetswerk en hulp aan joodse onderduikers en een koninklijke onderscheiding voor haar rol als (kunst)mecenas.

Meer over Gisèle:
'Het Steentje Van Gisèle', NPO Het Uur Van De Wolf: www.cultura.nl
Susan Smit – Gisèle, roman (Uitgeverij Lebowski)
Annet Mooij – De Eeuw van Gisèle, biografie (Uitgeverij De Bezige Bij).

100 YEARS OF GISÈLE

Gisèle d'Ailly-van Waterschoot van der Gracht (1912–2013) was born in The Hague, the daughter of Austrian baroness Josephine von Hammer-Purgstall and geologist W.A.J.M. van Waterschoot van der Gracht. She grew up in the United States and Austria and attended art school in Paris. In Limburg, she learned the art of making stained glass from Joep Nicolas. In 1939, through the poet Adriaan (Jani) Roland Holst, she met the German Wolfgang Frommel. Together with Frommel, Gisèle provided a hiding place for Jews in her Amsterdam apartment. She was honoured by The World Holocaust Remembrance Center for her resistance work, and received a royal award for her role as a patron of the arts.

More about Gisèle:
Het Steentje Van Gisèle ('Gisèle's Stone'), Het Uur Van De Wolf ('The Hour of the Wolf'), NPO TV: www.cultura.nl
Susan Smit – Gisèle, roman ('Gisèle, a novel') (Lebowski publishers)
Annet Mooij – De Eeuw van Gisèle, biografie ('The Century of Gisèle, a biography') (De Bezige Bij publishers).

In a cupboard, in a pianola, in the attic – during the war, artist Gisèle d'Ailly hid several people in her canal-side apartment. When she died in 2013, her house and studio were almost unchanged, and in 2016 they were converted into a museum, allowing visitors to take a look inside this captivating time capsule.

It's quite a climb to reach the small apartment that Gisèle began renting in 1940. Imagine people going into hiding climbing up these same stairs as inconspicuously as possible, carrying a few of their possessions in their hands. It all began in 1942 when the poet Roland Holst introduced Gisèle to the German writer Wolfgang Frommel (1902–1986). Frommel was looking for hiding places for Jewish German students, and together he and Gisèle began Castrum Peregrini ('Pilgrims' Fortress'), their code name for this hiding place.

BOOKS EVERYWHERE

The first impression in the small apartment is of books and artworks everywhere, on every surface. Bookcases filled with the works of Greek philosophers, Dante, Rimbaud, Goethe, and the favourite author of many of the people in hiding, the German poet Stefan George. Many of the books came from Roland Holst, who had to go into hiding elsewhere, and from Wolfgang Frommel, who often browsed through antiquarian bookshops. The classic wooden furniture and the curtains glow in the subdued daylight, the dried flowers and dozens of trinkets radiate warmth. A slightly yellowed warmth, because almost everything here dates from around 1940. Many of the drawings, photos, and paintings were created during the period in hiding by Gisèle and those she was hiding. A bronze head of Gisèle takes pride of place on a cabinet, and a death mask of Napoleon hangs on the wall.

HIDING IN THE PIANOLA

By the window on the Herengracht stands the pianola, which has had the mechanism removed so that someone could hide inside it in case of danger. In another room is a cupboard with a double rear wall that serves the same purpose. The people in hiding mainly stayed here at night, behind blacked-out windows, invisible from the canal. To keep up their morale, Gisèle and Wolfgang organised an entire programme of drawing lessons, writing and translation work, poetry readings, and philosophical discussions. These walls have witnessed many all-night philosophical discourses and poetry recitations. Gisèle, meanwhile, had to provide everyone with food in a world where food was rationed, so towards the end of the war she painted portraits and exchanged them for food or ration book coupons. She sold these paintings in secret because she had not taken up the compulsory member-

In een kast, in een pianola, via de liftschacht op zolder... Kunstenares Gisèle d'Ailly verborg in de oorlog verschillende onderduikers in haar grachtenappartement. Toen zij overleed in 2013, waren haar huis en atelier bijna onveranderd. Sinds 2016 mogen we binnenkijken in deze betoverende tijdcapsule.

Het is een eindje klimmen naar de kleine etage die Gisèle vanaf 1940 huurde. Klimmen op dezelfde trappen die de onderduikers zo onopvallend mogelijk beklommen, een koffertje met hun bezittingen in de hand. Het begon allemaal toen dichter Adriaan Roland Holst (Jani), met wie Gisèle een bijzondere relatie had, haar voorstelde aan de Duitse dichter Wolfgang Frommel (1902-1986). Frommel zocht onderduikadressen voor Duits joodse studenten en Gisèle besloot hem te helpen. Samen begonnen ze in 1942 Castrum Peregrini (pelgrimsburcht), de codenaam van dit onderduikadres.

OVERAL BOEKEN

De eerste indruk van het kleine appartement is die van een overweldigende hoeveelheid boeken en kunst. Overal boekenkasten en boekenplanken, vol Griekse filosofen, Dante, Rimbaud, Goethe en de favoriet van de onderduikers: Stefan George. Veel boeken kwamen van de dichter Roland Holst, die elders moest onderduiken, en van Wolfgang Frommel, die antiquariaten afstruinde. Bij het getemperde daglicht stralen de klassieke houten meubels en gordijnen, de droogbloemen en tientallen snuisterijen nog altijd warmte uit. Een beetje een vergeelde warmte, want bijna alles hier dateert van rond 1940. Veel van de tekeningen, foto's, beeldjes en schilderijen zijn tijdens de onderduik gemaakt door Gisèle en haar onderduikers. Op een kast prijkt een bronzen hoofd van Gisèle en aan de muur hangt een dodenmasker van Napoleon (destijds mode).

SCHUILEN IN DE PIANOLA

Bij het raam aan de Herengracht staat de pianola, waaruit de machinerie was verwijderd, zodat een onderduiker zich hierin kon verstoppen bij onraad. In de achterkamer is een kast met een dubbele achterwand, voor hetzelfde doel. De onderduikers leefden hier vooral 's nachts, achter verduisterde ramen, onzichtbaar vanaf de gracht. Om hen geestelijk gezond te houden, zorgden Gisèle en Wolfgang voor een heel programma aan tekenlessen, schrijf- en vertaalwerk, dichtsessies en filosofische discussies. Deze muren zijn getuige geweest van veel nachtenlange filosofische discoursen en poëtische declamaties. Intussen moest Gisèle iedereen van eten en drinken voorzien in een wereld waarin voedsel op de bon was. Ze schilderde daarom portretten van particulieren en ruilde die tegen het einde van de oorlog voor eten of voedselbonnen. Dat gebeurde clandestien, want ze had

ship in the *Kultuurkamer* ('Chamber of Culture'). Despite her best efforts, the menu rarely consisted of more than watery gruel or plain pancakes.

GISÈLE AND ARNOLD

Although there were a number of raids, all the residents in hiding survived. After the war, Gisèle rented an additional storey in the building and started to work as a glass artist and designer. She designed stained glass windows, some of which hang in nearby churches, the Begijnhofkerk and Krijtbergkerk. In her living room on the fourth floor, one of the tapestries that she designed is on display, along with her large five-panel painting *Moira* (The Fates, 1956).

In the mid-1950s, Gisèle met Amsterdam mayor Arnold d'Ailly (1902–1967). It was love at first sight. Arnold resigned as mayor and divorced his wife, and he and Gisèle were married in 1959. Arnold moved into her home, and his study, where he worked until his death in 1967, holds his antique desk, cigar box, books, and photo (wearing his mayoral chain).

THE STUDIO

Gisèle and Arnold often went to their house on the Greek island of Paros, a dilapidated Greek Orthodox monastery, which the local bishop granted

zich niet aangesloten bij de verplichte Kultuurkamer. Toch bood het menu helaas vaak slechts waterige pap of eenvoudige pannenkoeken.

GISÈLE EN ARNOLD

Ondanks diverse razzia's overleefden alle bewoners de oorlog. Na de oorlog huurde Gisèle een tweede etage erbij en ging ze weer werken als glazenier en ontwerpster. Ze maakte glas-in-loodramen (te zien in de Begijnhofkerk en de Krijtbergkerk om de hoek). In haar nieuwe woonkamer, op de vierde etage, hangt een van de wandtapijten die ze ontwierp en haar grote vijfluik 'Moira' (de schikgodinnen, 1956). Er zijn zelfs door haar beschilderde panelen die met afstandsbediening kunnen draaien.

Medio vijftiger jaren ontmoette Gisèle de Amsterdamse gentleman-burgemeester Arnold d'Ailly (1902-1967). Het was liefde op het eerste gezicht. Arnold trad af als burgemeester en scheidde, zodat ze in 1959 konden trouwen. Hij trok bij haar in. In zijn studeerkamer, waar hij tot zijn dood in 1967 werkte, getuigen daarvan nog zijn antieke bureau, zijn sigarenkist, zijn boeken en zijn foto (met ambtsketen).

HET ATELIER

Tijdens hun huwelijk gingen Gisèle en Arnold vaak naar hun huis op het Griekse Paros. Het huis was een vervallen Grieks-orthodox klooster, dat zij van de bisschop mochten renoveren en levenslang gebruiken. Ze namen veel schelpen, veren, dierenskeletten en fossielen mee van het eiland. Die aandenkens liggen nu overal in het grote, witgeschilderde atelier dat Gisèle dankzij een grote erfenis bij haar appartement kon trekken. Hier creëerde Gisèle haar eigen Griekse eiland, een warme ruimte met veel licht en lucht. De vormen van de fossielen en schelpen zien we vaak terug in haar schilderijen. Middenin het atelier staat ook een zonnig schilderij van een jonge, frêle Gisèle, gemaakt door haar leermeester, de glaskunstenaar Joep Nicolas. Aan de wanden hangen schilderijen van haar hand: figuratieve schilderijen van mythologische wezens, maar ook abstracte werken uit latere jaren.

LEVEND TESTAMENT

Gisèle woonde de rest van haar leven in haar pelgrimsburcht en bleef levenslang bevriend met de onderduikers. Het huis werd na de oorlog een culturele hotspot voor internationale kunstenaars, zoals Max Beckmann en Marguerite Yourcenar en anderen. Een levend testament van Gisèle die in 2013 op honderdjarige leeftijd overleed.

them permission to renovate and use for life. They brought many shells, feathers, animal skeletons, and fossils from the island back to Amsterdam. These souvenirs are now scattered everywhere in the large, white studio that Gisèle was able to add to her apartment thanks to a sizeable inheritance. Here she created her own Greek island, a warm room filled with plenty of light, and the shapes of fossils and shells from Greece are visible in many of her paintings. On display are paintings by her own hand – figurative paintings of mythological creatures, and abstract works from her later years. In the middle of the studio stands a sunny painting of a young, delicate Gisèle, by her teacher, the glass artist Joep Nicolas.

LIVING TESTAMENT

Gisèle lived in her pilgrims' fortress for the rest of her life and remained lifelong friends with the people she had hidden there. After the war, the house became a cultural hotspot for international artists, such as Max Beckmann and Marguerite Yourcenar. It became a living testament to Gisèle, who died in 2013 at the age of one hundred.

HARRY MULISCH HUIS

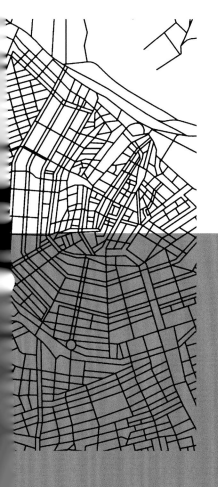

Stichting Vrienden van het
Harry Mulisch Huis
Leidsekade 103 (museum is
nog maar sporadisch geopend)
(geen telefoon), e-mail:
info@harrymulischhuis.nl

Stichting Vrienden van het
Harry Mulisch Huis
Leidsekade 103 (museum not
opened yet)
(no phone), email:
info@harrymulischhuis.nl)

HARRY MULISCH HOUSE

TIJDCAPSULE VAN EEN SCHRIJVER

HET HUIS

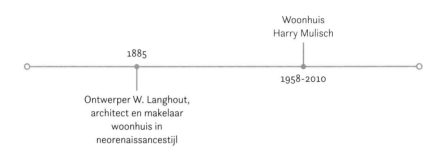

Woonhuis
Harry Mulisch

1885

1958-2010

Ontwerper W. Langhout,
architect en makelaar
woonhuis in
neorenaissancestijl

AN AUTHOR'S TIME CAPSULE

THE HOUSE

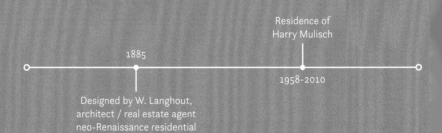

Residence of
Harry Mulisch

1885

1958-2010

Designed by W. Langhout,
architect / real estate agent
neo-Renaissance residential
building

232

Van 1958 tot aan zijn dood in 2010 woonde schrijver Harry Mulisch aan de Leidsekade 103, om de hoek bij het Leidseplein. En op loopafstand van Hotel Americain, waar hij zich regelmatig liet omroepen door de obers in het prachtige Jugendstil-restaurant: 'telefoon voor meneer Mulisch' (lang vóór de mobiele telefoon). Dit huis was – en is – zijn universum.

Hier schreef hij zijn boeken, in zijn werkkamer met verschillende bureaus, veel boeken, prenten van Piranesi, beelden en voorwerpen die vaak iets te maken hebben met zijn werk. Sommige komen er zelfs in voor. Zijn pijpen staan opgepoetst in het pijpenrek. Alles is nog zoals in 2010, toen Mulisch de kamer voorgoed verliet. Werk en leven van 'de koning van de Nederlandse Letteren' gevangen in een tijdcapsule, bewaard voor het nageslacht.

PAREL VAN ERFGOED

Het huis aan de Leidsekade is (nog) niet als museum geopend. Maar de Stichting Vrienden van het Harry Mulisch Huis wil deze 'parel van erfgoed' ooit openstellen voor literaire pelgrims en het grote publiek. Het Harry Mulisch Huis organiseert al wel literaire activiteiten en is open tijdens Museumnacht. Voorlopig moeten we het dus doen met incidentele openstelling of met een virtuele rondleiding als we willen dwalen tussen zijn nagelaten schatten.

http://harrymulischhuis.nl
https://literatuurmuseum.nl/verhalen/mulisch/ (virtueel museum)

DE MULISCH-TAPES

En dan zijn er nog de Mulisch-tapes, een serie podcasts gemaakt in Harry's werkkamer. Met dank aan oude dictafoonbandjes die Mulisch ooit insprak, klinkt zijn stem als van gene zijde. Voeg er een vleugje pijptabaksgeur aan toe en voilà, Mulisch is back!

https://soundcloud.com/mulisch (podcast)

Writer Harry Mulisch moved to the Leidsekade 103 in 1958 and lived there until his death in 2010. His residence was close to the popular Leidseplein. And near to the Hotel Americain where Mulisch used to ask the waiters in the beautiful Jugendstil dining room to yell: 'phone call for Mr Mulisch'. This was long before the cell phone. His house was – and is – his entire universe where he wrote his books.

His study has several desks, an abundance of books, Piranesi etchings, statues, and other objects, often related to his writings. Some of them even appear in his novels.

His famous pipes are neatly polished and lined up in a pipe rack. Everything is just the way Mulisch left the room forever in 2010. The life and works of the 'King of Dutch literature' in a time capsule.

A TRUE GEM

The Mulisch House on the Leidsekade is (not yet) opened as a museum. But the Stichting Vrienden van het Harry Mulisch Huis aims to open this 'cultural gem' to all literary pilgrims and the general public some day. For now the Harry Mulisch Huis organizes literary events and opens its doors during Museum Night. For now we have to make do with a virtual tour in this most holy study of Amsterdam, roaming virtually among the treasures he left us.

http://harrymulischhuis.nl
https://literatuurmuseum.nl/verhalen/mulisch/ (virtual tour)

THE MULISCH-TAPES

And of course there are Mulisch-tapes, a series of podcasts made in Harry's study. Thanks to recordings that Mulisch made years ago, we hear his voice from beyond the grave. All we need is a whiff of pipe smoke and voilà, Mulisch is back!

https://soundcloud.com/mulisch (podcast)

DE GEWONE AMSTERDAMMER

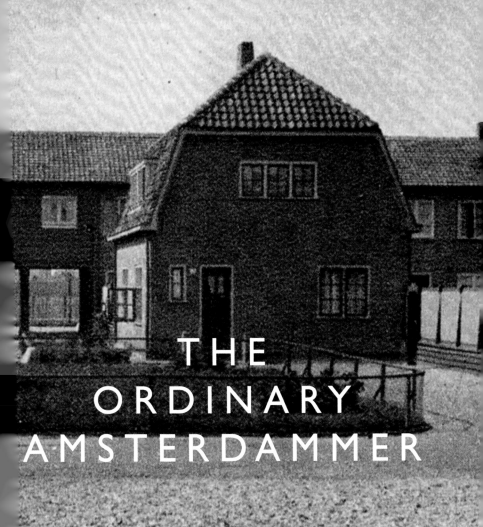

THE ORDINARY AMSTERDAMMER

HET KLEINE
WEESHUIS

Onderdeel van Amsterdam Museum

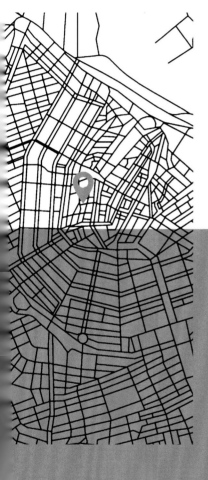

📍 Kalverstraat 92
📞 020-523 18 22
🕐 Dagelijks 10.00-17.00 uur
€ Entree volwassenen: €15,-
kinderen tot 17 jaar gratis.
🖱 www.amsterdammuseum.nl

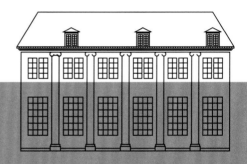

📍 Kalverstraat 92
📞 +31 (0)20-523 18 22
🕐 Daily 10 AM to 5 PM
€ Entrance for adults: €15,-
children up to 17 free
🖱 www.amsterdammuseum.nl

THE LITTLE
ORPHANAGE

Part of the Amsterdam Museum

400 JAAR AMSTERDAMSE WEESKINDEREN

HET HUIS

Burgerweeshuis

1414

Sint Luciënklooster

1580 tot 1960

Amsterdam Museum
/ Het Kleine
Weeshuis

400 YEARS OF ORPHANS

THE HOUSE

City orphanage

1414

Former Sint Luciën convent
from 1414

1580 until
1960

Current usage: Amsterdam
Museum / The Little
Orphanage

Het allereerste begin van het weeshuis dateert van 1520, toen woonden de weeskinderen nog in een paar kleine huisjes elders in de Kalverstraat. Waarschijnlijk is de oprichtster mevrouw Haesje Claes. Zij begon ooit met een klein opvanghuis, maar haar bestaan is in nevelen gehuld. Rond 1580 verhuisde het weeshuis naar het vroegere Sint Luciënklooster. Amsterdam was protestants geworden en katholieke gebouwen werden geconfisqueerd door de groeiende stad die steeds meer weeskinderen kreeg. Soms waren hun ouders overleden aan besmettelijke ziektes, zoals de pest, soms konden ze door armoede, ziekte of gevangenschap niet voor de kinderen zorgen.

Al was het Burgerweeshuis een prestigeproject en deed men zijn best om goed voor de kinderen te zorgen, makkelijk hadden de kinderen het niet.

De verhalen van de laatste bewoners uit de 20e eeuw zijn te horen en zien op https://hart.amsterdam/nl/page/47082/verhalen-uit-het-burgerweeshuis

THE ORPHAN'S STORY

The original orphanage dates from 1520, when orphans lived in a pair of small houses in another part of the Kalverstraat. The founder was probably Madam Haesje Claes, but little is known about her. Around 1580 the orphanage moved to the former Sint Luciën convent. Amsterdam had become Protestant during the Reformation, and Catholic buildings were being confiscated by the growing city, which was filled with increasing numbers of orphans. Sometimes children were orphaned because their parents had died of infectious diseases, such as the plague; in other cases, parents could not care for their children because of poverty, illness, or imprisonment. Children living in the city orphanage did not have an easy life.

You can see and hear the stories of the last residents of the orphanage from the 20th century at:
hart.amsterdam/nl/page/47082/verhalen-uit-het-burgerweeshuis

Midden in de Kalverstraat verbergen eeuwenoude muren en binnenplaatsen de resten van een weeshuis dat hier tot 1960 zat. Waar nu het Amsterdam Museum is, woonden ruim 400 jaar lang Amsterdamse weeskinderen. In het museum is een klein deel ingericht zoals het weeshuis er vroeger uitzag: het 'Kleine Weeshuis'.

We halen bij de kassa een speciaal armbandje dat ons toegang geeft tot de eetzalen, slaapzalen, leslokalen en keuken van het Kleine Weeshuis. Eigenlijk was het Burgerweeshuis een klein dorp op zichzelf, met een bakkerij, een brouwerij, een washuis, een koeienstal en nog veel meer. In de 17ᵉ eeuw woonden hier namelijk bijna duizend weeskinderen tegelijk. We vinden er een antieke schoolbank, want het weeshuis had ook een eigen school met inwonende onderwijzer. Hier leerden de kinderen met een griffel en een lei schrijven, Bijbelkennis en rekenen volgens het beroemde rekenboekje van Bartjens. Later werd ritmische gymnastiek ingevoerd en de kinderen, die ook nog moesten werken (breien, naaien, schoenen poetsen) kregen meer vrije tijd.

ALLE DAGEN BIER

In een mooie oude keuken achterin werd gekookt voor alle kinderen. Op de ruwhouten tafels staan de tinnen borden met lepels te wachten op de hongerige meute. De weeskinderen aten met z'n vieren uit één bord en dronken elke dag bier, omdat het water niet drinkbaar was. Praten onder het eten was verboden! Schilderijen laten zien hoe de weesmeisjes aan tafel zitten en hoe de regenten met de wezen omgaan.

Tien regenten (rijke, eerzame burgers) vormden het bestuur van het weeshuis: zes mannen en vier vrouwen. De vrouwen hielden zich bezig met de meisjes en met personeelszaken. De mannen gingen over het geld en alle andere zaken. Vergaderen deden zij in de prachtige Regentenkamer die nog elders in het Amsterdam Museum te bewonderen is. De muren zijn bedekt met grote geschilderde groepsportretten van regenten en regentessen in volle glorie. De plafondschilderingen beelden liefde, compassie en vrijgevigheid uit.

BINNEN-MOEDERS, BREIMOEDERS EN KAMMOEDERS

Met soms wel duizend wezen om voor te zorgen, had het weeshuis natuurlijk veel personeel. Voor de dagelijkse gang van zaken waren er binnenmoeders, ondermoeders die later bevorderd konden worden tot bovenmoeders. En gespecialiseerde moeders, zoals keukenmoeders, breimoeders en wolle-moeders en kammoeders, die de meisjesharen doorkamden op luis en schurft. De regentessen werden buitenmoeders genoemd.

In the middle of the Kalverstraat, centuries-old walls and courtyards conceal the remains of an orphanage that was located here until 1960. Where the Amsterdam Museum now stands, orphans in Amsterdam lived for over 400 years. A small part of the museum has been set up to look like the orphanage used to: the 'Little Orphanage'.

At the ticket desk, we are given special armbands that grant us access to the Little Orphanage's dining rooms, dormitories, classrooms, and kitchen. The city orphanage was a small village in itself, which included a school, a bakery, a brewery, a laundry, a barn for cows, and much more. In the 17th century, almost a thousand orphans lived here at any one time.

There's an exhibition dedicated to the orphanage's school, which had a live-in teacher. Here the children learned writing, Bible studies, and arithmetic. Later rhythmic gymnastics was introduced, and the children, who also had to work – knitting, sewing and polishing shoes – got more free time.

BEER EVERY DAY

In the kitchen, on rough wooden tables, pewter plates, and spoons stand waiting for a hungry horde of children. Four orphans ate from one plate at mealtimes, and they drank beer every day, because the water was not safe to drink. Talking during meals was forbidden. Paintings in the museum show how the orphan girls were expected to sit at the table and how the trustees dealt with the orphans.

Ten trustees (six men and four women, all of whom were rich, respectable citizens) formed the board of the orphanage. The women busied themselves with the girls and with staffing issues, while the men dealt with the finances and all other matters. They met in the beautiful Trustees' Chamber, which can be admired elsewhere in the Amsterdam Museum. The walls are covered in large group portraits of the trustees in all their glory. The ceiling paintings represent love, compassion, and generosity.

'INDOOR MOTHERS', 'KNITTING MOTHERS' AND 'COMBING MOTHERS'

With up to a thousand children to care for, the orphanage naturally had a large staff. For the everyday affairs there were 'indoor mothers' and 'under-mothers', who could later be promoted to 'over-mothers'. And there were specialised 'mothers', such as 'kitchen mothers', 'knitting mothers', 'wool mothers', and 'combing mothers', who combed through the girls' hair for lice and scabies. The female trustees were known as 'outdoor mothers'.

MANNEQUINS IN UNIFORM

Next to the kitchen, by the water tap with a fierce old lion's head, we climb a narrow staircase to the upper floor. Here we have to crouch under the slanting beams to see the children's beds. Two mannequins, a boy and a girl, are dressed in the traditional orphan's uniform: until 1919 all orphans had to wear this blue and white (later red and white) uniform, so they all looked the same and runaways could be easily spotted in the city. On the dormitory floor there is also a small consulting room for the doctor, who looked after the children's health using the methods of the time, such as uroscopy (examining the urine).

'The children drank beer every day here'

'ORPHAN BOXES'

Boys and girls older than 11 lived separately and had their own playgrounds. Where the boys played is now a cool terrace in the summer, and the former refectory has been converted into a cafe.

The 'orphan boxes' – lockers that were made in 1672 – are still set in the wall. Boys who were apprenticed to a carpenter or blacksmith could store their tools there after a day's work. Girls did not have lockers because they were trained for household tasks. They helped with the day-to-day care of younger children and they learned cooking, knitting, and sewing in preparation for a life as a governess, housekeeper, or wife.

PASPOPPEN EN PISKIJKERS

Naast de keuken, bij de waterkraan met een woeste, oude leeuwenkop, beklimmen we een nauwe trap naar de bovenverdieping. Hier is het kruip-door-sluip-door onder de schuine balken waar de opgemaakte kinderbedjes van de wezen staan. Twee poppen dragen het traditionele wezenkostuum, een jongetje en een meisje. Tot 1919 droegen alle Burgerwezen verplicht dit blauw-rode (later zwart-rode) kostuum. Zo zagen alle kinderen er hetzelfde uit en konden weglopers makkelijk gespot worden als ze in de stad rondhingen. Op de slaapetage is ook een kleine spreekkamer voor de dokter. Deze chirurgijn waakte over de gezondheid van de kinderen, onder meer door 'piskijken' een destijds beproefde methode. De flesjes hangen er nog.

'De kinderen dronken elke dag bier'

WEZENKASTJES

Jongens en meisjes ouder dan 11 jaar woonden gescheiden en hadden elk hun eigen speelplaats. Waar de jongenswezen vroeger speelden, is nu in de zomer een koel terras, de vroegere conversatiezaal is omgebouwd tot Café Mokum.

In de muur zitten nog de *wezenkastjes*, kluisjes die in 1672 gemaakt werden. Daar konden weesjongens die in de leer gingen bij een timmerman of smid hun gereedschap opbergen na een dag werken. Nu liggen er, behalve gereedschappen, ook andere voorwerpen uit die tijd, zoals schoenen, schoolspullen en kleding. Meisjeswezen hadden geen kastjes, zij werden opgeleid voor huishoudelijke taken. Ze hielpen met de dagelijkse zorg voor de kleintjes en ze leerden koken, breien en naaien, als voorbereiding op een leven als gouvernante, huishoudster of echtgenote.

AMSTERDAMSE SCHOOL MUSEUM HET SCHIP

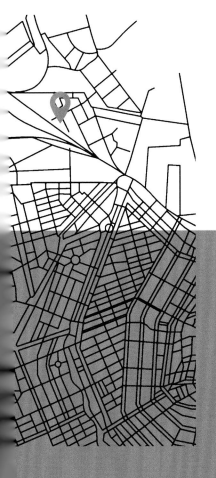

📍 *Oostzaanstraat 45*
📞 *020-686 85 95*
🕐 *Dinsdag t/m zondag 11.00-17.00 uur*
€ *Entree volwassenen: €15,-*
inclusief rondleiding (elk uur,
om 15.00 in het Engels)
Er is een permanente tentoonstelling
over de Amsterdamse School
🖱 *www.hetschip.nl*

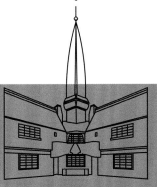

📍 *Oostzaanstraat 45*
📞 *+31 (0)20-686 85 95*
🕐 *Tuesday to Sunday 11 AM to 5 PM*
€ *Entrance for adults: €15*
including guided tour (every hour,
in English at 3 PM). There is a
permanent exhibition on the
Amsterdam School
🖱 *www.hetschip.nl*

AMSTERDAMSE SCHOOL MUSEUM THE SHIP

ARBEIDERSPARADIJS VOOR BETERE TOEKOMST

HET HUIZENBLOK

1917

Sinds
2021

Opdrachtgever: Gemeente
Amsterdam, wethouder Wibaut
Architect: Michel de Klerk
Stijl: Amsterdamse School

Museum

WORKERS' PARADISE FOR A BETTER FUTURE

THE HOUSING COMPLEX

1917

Since
2001

City of Amsterdam,
Alderman Wibaut
Architect: Michel de Klerk
Style: Amsterdam School

Museum

ARCHITECT MICHEL DE KLERK

Michel de Klerk (1884-1923) groeide op in de kleurrijke en armoedige Waterloopleinbuurt, als het 25e kind van een 78-jarige vader. De kleine Michel wist wat armoede was, maar kon hieraan ontsnappen door zijn tekentalent. Hij mocht als hulpje op het architectenbureau van Eduard Cuypers werken. Voorbestemd om zijn verdere leven zelf in een krot te wonen, kreeg hij daar de kans om uit te groeien tot een van de bekendste architecten van de Amsterdamse School (1910-1930).

In die tijd wilde de markante Amsterdamse wethouder Wibaut van Volkshuisvesting een eind maken aan de ongezonde woonellende van arbeiders, met zijn lelijkheid, stank en lawaai. In 1917 gaf hij architect Michel de Klerk de opdracht voor wooncomplex Het Schip. Niet alleen de binnenkant van dit nieuwe arbeiderscomplex moest schoner, ruimer en mooier worden. Op de tekentafel van De Klerk werd ook de buitenkant een kunstwerk met golvende gevels, bijzondere metseltechnieken en een afwisselend spel van gekleurde bakstenen.

ARCHITECT MICHEL DE KLERK

Michel de Klerk (1884–1923) grew up in the vibrant but impoverished Waterlooplein neighbourhood of Amsterdam, the 25th child of a 78-year-old father. Michel knew poverty but was able to escape from it due to his talent as a draughtsman. He found work as an assistant in the architecture firm of Eduard Cuypers, where he eventually became one of the best-known architects of the Amsterdam School style of architecture (1910-1930).

In the early 20th century, the prominent Amsterdam alderman Florentinus Marinus Wibaut was responsible for the city's public housing, and his goal was to put an end to the unhealthy living conditions of the working class. In 1917, Wibaut commissioned De Klerk to design a new housing complex, Het Schip ('The Ship'). Wibaut stipulated that the interior of this workers' complex had to be cleaner, roomier, and more attractive than public housing had been. In De Klerk's designs, the exterior also became an artwork, with undulating gables, unconventional masonry techniques, and an interplay of coloured bricks.

Architect Michel de Klerk built an ideal workers' housing complex to replace dilapidated public housing in Amsterdam. 'The Ship' became a pearl of the Amsterdam School of architecture, and contained the most beautiful post office in the Netherlands. Seen from a distance, The Ship appears ready to sets sail, like a proud ocean liner.

We begin the tour with a look at a 19th-century slum, to see how workers lived before the Housing Act of 1901, which aimed to improve living conditions in the city. The misery of conditions in the slums have been recreated in a shipping container, drawing attention to the fact that an entire family had no more than this 16 square metres in which to live, cook, wash, and sleep.

SLUM WITH A LATRINE

We visit the slum in the pouring rain and cram inside. It's soon full and stifling inside, among the rickety furniture, shabby possessions, and threadbare clothes hanging on the washing line. There was no electricity or running water, so bathing consisted of washing with a water jug. Instead of a toilet, there was a latrine, ironically known as a 'Boldoot cart' (Boldoot was an old-fashioned perfume). It's dismal to think of having to live in this poverty with a big family, coming home after a long, exhausting day working in a factory. And this doesn't even factor in the noise and the stench!

THE NEW WORKERS' HOUSING

A restored worker's home shows us the accommodations that De Klerk designed. Everything is laid out in the way that workers lived in the 1920s. The interior, furniture, and utensils are all in the style of the Amsterdam School, such as the round cupboard (designed by De Klerk), the beautiful mantelpiece, and a coal stove. This house, with its kitchen, electricity, and water, would also be a perfectly adequate space for a small family in the 21st century. And that is exactly what De Klerk wanted: good, healthy living conditions, for poor Amsterdammers as well.

A STUNNING POST OFFICE

On the corner of The Ship, De Klerk designed the interior of the most beautiful post office in the Netherlands.

Every detail was carefully conceived: the stained glass and the wall clock, the doors, counters, and telephone booths. It's a space full of striking blue and purple colours, that features almost comical signage and a host of details in which the architect's touch can be clearly seen. People came

Architect Michel de Klerk bouwde als antwoord op de verkrotting van arbeiderswoningen een ideaal arbeiderswooncomplex. Het werd een parel van de Amsterdamse School architectuur (1910-1930, art deco), met het mooiste postkantoor van Nederland. Van een afstand gezien zet Het Schip als een trotse oceaanstomer koers naar betere tijden.

We beginnen de rondleiding bij een 19e-eeuwse krotwoning om te zien hoe arbeiders woonden in de tijd vóór de Woningwet. De krotwoning is nagebouwd in een zeecontainer en alles ziet er even treurig als levensecht uit. Een heel gezin had toen niet meer dan deze 16 vierkante meter om te wonen, te koken, te wassen en te slapen.

KROT MET POEPDOOS

We bezoeken de krotwoning in de stromende regen, en kruipen allemaal naar binnen. Het wordt al snel vol en benauwd daar tussen de krakkemikkige meubeltjes, armoedige spullen en tot op de draad versleten wasgoed dat aan de waslijn hangt. Elektriciteit en stromend water waren er niet. Wassen deed je bij de lampetkan en als wc was er een poepdoos. Eens per week werd die geleegd als de poepkar langskwam, spottend bijgenaamd de 'Boldootkar' (Boldoot is een ouderwets parfum). We huiveren bij de gedachte met een grote familie te moeten wonen in deze armoede. Dat we hier zouden thuiskomen na een lange, afmattende werkdag in de fabriek. En dan hebben wij nog niet eens last van het lawaai en de stank van destijds, want dit museum doet gelukkig niet aan geur- en geluidbeleving.

DE NIEUWE ARBEIDERSWONING

We mogen ook binnen kijken in een gerestaureerde arbeiderswoning die helemaal is zoals het volgens De Klerk zou moeten. Alles is ingericht zoals de arbeider in de jaren twintig woonde. Interieur, meubels en gebruiksvoorwerpen ademen de stijl van de Amsterdamse School, zoals de ronde kast (ontwerp van De Klerk) een prachtige schoorsteenmantel en een kolenkachel. Deze woning, met haar keukentje, elektriciteit en water, zou ook in de 21e eeuw qua ruimte prima voldoen voor een klein gezin. Dit is wat De Klerk wilde: goede en gezonde woonomstandigheden, ook voor arme Amsterdammers.

EEN BEELDSCHOON POSTKANTOOR

Michel De Klerk ontwierp niet alleen de woningen, maar ook het interieur van het mooiste postkantoor van Nederland, op de hoek van Het Schip.

Hij bedacht alles tot in detail. Het glas-in-lood en de wandklok, de deuren, loketten en telefooncellen. Het is een ruimte vol prachtige blauwe en paarse kleuren, bijna grappige bewegwijzering en veel details waarin de

here for postal and financial matters, but also to make phone calls, so De Klerk designed two handsome telephone booths for this purpose. Behind the counters, is a small exhibition with nostalgic postal items, such as an old postman's uniform, antique telephones, old postage stamps, and telegrams. This meticulously restored post office is the only surviving complete interior design by De Klerk.

'THE DAWN'

Architects Michel de Klerk and Piet Kramer developed the public housing complex *De Dageraad* ('The Dawn') together. Behind The Dawn's undulating façade is a visitors' centre in an annex of The Ship Museum, which provides information on the Amsterdam School in Berlage's 'South Plan'. See the website of The Ship Museum for more information on walks and themed tours.

hand van de meester te herkennen is. Mensen kwamen hier niet alleen voor post en geldzaken, zoals hun pensioengeld, maar ook om te telefoneren. Daarvoor ontwierp De Klerk twee beeldschone Amsterdamse School telefooncellen waar we beslist een selfie willen maken. Achter de loketten, in de vroegere werkruimte van het personeel, is een kleine expositie met nostalgische postvoorwerpen, zoals een oud postbodekostuum, antieke telefoons, oude postzegels en telegrammen. Dit zorgvuldig gerestaureerde postkantoor is het enige bewaarde volledig interieurontwerp van De Klerk.

DE DAGERAAD

Architecten Michel de Klerk en Piet Kramer ontwierpen samen het volkswoningencomplex De Dageraad. Achter de golvende gevel van een voormalige winkel in De Dageraad zit het bezoekerscentrum, een dependance van Museum Het Schip met informatie over De Amsterdamse School in Plan Zuid van Berlage. Zie de website van Museum Het Schip voor wandelingen en themarondleidingen.

ARBEIDERSWONING
IN TUINDORP
OOSTZAAN

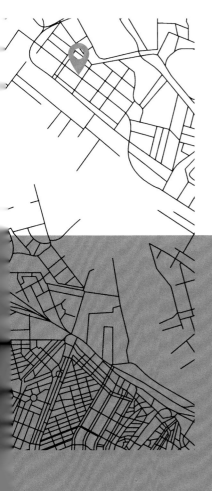

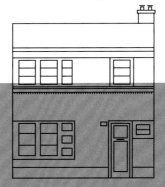

📍 *Meteorenweg 174*

📞 *020-633 49 76 (G. van Putten, secretaris)
of 020-631 06 61*

🕐 *Tweede zondag van de maand
van 11.00-17.00 uur*

€ *Entree volwassenen: €3,-
(geen Museumkaart, geen pin)*

↖ *www.historischarchief-toz.nl/
Museumwoning.htm*

📍 *Meteorenweg 174*

📞 *+31 (0)20-633 49 76
or 020-631 06 61*

🕐 *Second Sunday of the month
from 11 AM to 5 PM*

€ *Entrance for adults: €3
(no Museumkaart)*

↖ *www.historischarchief-toz.nl
/Museumwoning.htm*

OOSTZAAN
GARDEN CITY
WORKER'S HOUSE

RIJTJESHUIS
ANNO 1922

1922 — Middenstandswoning uit 1922

2000 — Museum

1922
TERRACED HOUSE

THE HOUSE

1922 — Lower middle-class home built in 1922

2000 — Museum since renovation in 2000

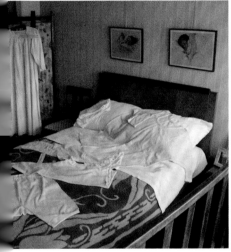

Deze buurt in Tuindorp Oostzaan werd gebouwd rond 1920, toen de volkswijken in de binnenstad verpauperd raakten en te klein werden voor de groeiende groep arbeiders van de fabrieken en scheepswerven.

Toen woningbouwvereniging Ymere rond 2000 de huizen in deze wijk ging opknappen, troffen ze deze (museum)woning nog in originele staat aan. De dochter van de vroegere bewoners bleek er nog te wonen en had al die tijd bijna niets veranderd aan het interieur. Sommige gebruiksvoorwerpen zijn door de bewoners achtergelaten, andere zijn geschonken door buurtbewoners.

Er heerst zondagsrust in Tuindorp Oostzaan waar betaald parkeren nog niet blijkt te bestaan. Een andere wereld, zeker als we de huiselijke sfeer van de twintiger jaren binnenstappen. Met veel zware houten meubelen, kanten kleedjes en ouderwetse groene verf op de kozijnen.

This neighbourhood in Oostzaan Garden City was built around 1920, when the working-class districts in the inner city had become impoverished and too small for the growing population of factory and shipyard workers.

When the Ymere housing association began renovating houses in this neighbourhood around 2000, they came across this house in its original condition. It turned out that the daughter of the original residents still lived there, and had hardly changed anything in the interior in all that time.

It's a peaceful Sunday in Oostzaan Garden City, where paid parking doesn't seem to exist yet. A different world, especially when we step into the homely ambience of the 1920s, with lots of heavy wooden furniture, lace tablecloths, and old-fashioned green paint on the window frames.

De wandklok tikt nog altijd rustgevend in de woonkamer. Een groot uit-
gevallen Christusbeeld zegent de inmiddels vertrokken bewoners en een
bruin houten dressoir met theeservies siert trots de muur. 'Dat was een
geschenk van de familie Rietveld, die hier in de Asterstraat een meubelfa-
briek had,' vertelt de beheerder verguld. Onder de schemerlamp staat de
rookstoel van vader met een kanten kleedje erop. Zijn gevulde pijpenrek-
je aan muur vermeldt: 'een tevreden roker is geen onruststoker'. Aan de
zware eettafel, ook met kleedje, staat voor de kleinste van de familie een
oude houten kinderstoel, met ingebouwd potje.

Aan de andere wand hangt een heuse 'distributieradio' van vlak na de
oorlog, zoals alleen oudere Amsterdammers die nog kennen. Met ernaast
een grammofoon, ongeveer zo groot als een forse koelkast, en een kastje
met naaimachine.

SLAPEN EN WASSEN

In het schattige keukentje, grenzend aan een kleine tuin, vinden we de
bekende grijsblauw gevlekte pannen, strak in het gelid boven het verweer-
de, granieten aanrecht. Het houtwerk is in de oorspronkelijke felle kleur
boerenblauw geschilderd, dat schijnt vliegen af te weren.

The wall clock ticks reassuringly in the living room. An oversized stat-
ue of Christ blesses the now departed residents and a wooden sideboard
proudly graces the wall. 'That was a gift from the Rietveld family, who had
a furniture factory here in the Asterstraat', says the caretaker with some
satisfaction. Beneath the standard issue lamp is the chair where the father
of the family liked to smoke, covered with a lace antimacassar. His pipe
rack on the wall bears the message 'a contented smoker is no trouble-
maker'. An old wooden highchair with a built-in potty stands by the heavy
dining table with its tablecloth.

On the other wall hangs a real 'cable radio' from just after the war, which
is only recognisable to an older generation. Next to it is a gramophone,
about the size of a refrigerator, and a cabinet with a sewing machine.

SLEEPING AND WASHING

In the charming little kitchen, which leads to a small garden, we find
the familiar grey-blue speckled pans, lined up neatly above the weathered granite worktop. The woodwork is painted in its original bright blue,
which apparently repels flies.

We also find the original wooden furniture in the bedroom on the first floor. There is even a sales receipt for the bed and matching chairs, because the lady of the house kept all her invoices. A sturdy wooden wardrobe, a child's bed, and a chamber pot make it a comfortable bedroom, with a set of hairbrushes and toiletries standing ready for use. In the side room is everything for the washing and ironing: large zinc washtubs, a washboard, and an ironing board, complete with packets of washing powder that are nearly 100 years old.

'With cable radio and pipe rack'

FLOOD

'This house was a little more luxurious than others in the neighbourhood', the caretaker tells us, 'because there's a tap with running water in the bedroom. Most of the houses didn't have that. There wasn't any electricity either in the early years.'

In the side room, a small cinema shows a documentary about the flooding of this area in February 1960. Fortunately, there were no fatalities, but the houses were full of water. Even years later, lines on the walls show how high the water had reached.

These houses, over 1,300 of them, were actually intended as a temporary solution for the growth of the population. But they were obviously well built, because they are still standing in their full glory.

Ook in de slaapkamer op de eerste etage vinden we origineel houten meubilair. Er is zelfs nog een aankoopbon van het bed met bijbehorende stoelen, want de bewoonster bewaarde alle rekeningen. Een kloeke houten kledingkast, een kinderbedje en een nachtspiegel (po) maken er een comfortabele slaapkamer van, waar een set haarborstels en ander toiletgerei klaarliggen voor gebruik. In het zijkamertje staat alles voor de was en de strijk: grote zinken teilen, een wasbord, een strijkplank, ijzeren strijkijzers, compleet met bijna 100 jaar oude pakken wasmiddelen.

'Met distributieradio en pijpenrekje'

WATERSNOOD

'Dit huis was iets luxer dan de meeste in de wijk,' vertelt de beheerder. 'Want in de slaapkamer is een kraan met stromend water, dat hadden de meeste huizen niet. Elektriciteit was er in de beginjaren ook niet.'

In de zijkamer is een filmtheatertje waar een documentaire draait over de overstroming van deze wijk in februari 1960. Toen bezweek de dijk en steeg het water uit het Noordzeekanaal snel. Gelukkig vielen er geen doden, maar de huizen stonden vol water. Nog jaren later was aan strepen op de muur te zien hoe hoog het water had gestaan.

Eigenlijk waren deze ruim 1300 woningen als tijdelijke noodoplossing bedoeld voor de groeiende bevolking. Maar ze zijn kennelijk goed gebouwd, want ze staan er nog in volle glorie.

VAN EESTEREN
MUSEUM

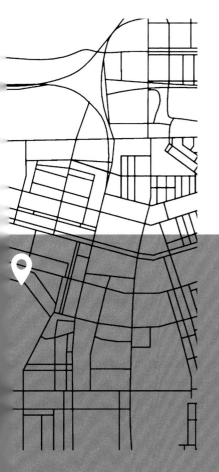

📍 *Noordzijde 31 (bij Sloterplas)*

📞 *020-447 18 57*

🕐 *Donderdag t/m zondag, 12.00-17.00 uur*
De museumwoning aan de Freek Oxstraat
is geopend op vrijdag en zaterdag 12.30 uur
(met audiotour), donderdag t/m
zondag 14.30 uur (met gids)

€ *Entree museumwoning: volwassenen*
(incl. entree Van Eesteren Paviljoen):
€12,50 (geen Museumkaart)

↖ *www.vaneesterenmuseum.nl*

📍 *Noordzijde 31 (near Sloterplas)*

📞 *+31 (0)20-447 18 57*

🕐 *Thursday to Sunday, 12 PM to 5 PM*
On these days the museum house
on the Freek Oxstraat can be
visited with a guide at 2:30 PM.
Start point: Noordzijde 31.

€ *Entrance to museum house, adults*
(including entrance to Van Eesteren
Pavilion): €12,50 (no Museumkaart)

↖ *www.vaneesterenmuseum.nl*

VAN EESTEREN
MUSEUM

HET NIEUWE WONEN

HET HUIS

1952 — Nieuwe wijk in Nieuw-West

2012 — Opening museumwoning

THE NEW WAY OF LIVING

THE HOUSE

1952 — A new neighbourhood in Nieuw-West

2012 — Museum house opened

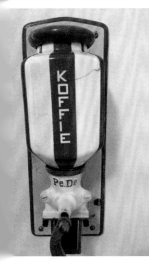

CORNELIS VAN EESTEREN

Aannemerszoon Cornelis van Eesteren (1897-1988) begon als timmerman en tekenaar. Maar al snel werd hij gegrepen door architectuur en stedenbouw, door Berlage en De Stijl van Theo van Doesburg. Hij ging architectuur en stedenbouw studeren en al snel sleepte hij de nodige prijzen in de wacht met zijn avant-gardistische ontwerpen. Hij werd in 1929 hoofd van de afdeling Stadsontwikkeling van Amsterdam en verwierf eeuwige roem met het Algemeen Uitbreidingsplan (AUP) dat na de oorlog uitgevoerd werd, onder meer in Nieuw-West. Als aanhanger van het 'Nieuwe Bouwen' geloofde hij in volksverheffing door woningverbetering. Licht, lucht en ruimte, daar ging het om. Dat is in Nieuw-West nog goed te zien: ruime woningen met veel licht en brede straten met veel parken en groen.

CORNELIS VAN EESTEREN

The son of a builder, Cornelis van Eesteren (1897–1988) started his career as a carpenter and draughtsman. But he soon became fascinated by architecture and urban planning, by the work of the architect Berlage, and by the De Stijl movement founded by Theo van Doesburg. He studied architecture and urban planning, and soon won prizes with his avant-garde designs. In 1929 Cornelis became head of the urban development department of Amsterdam's city council, achieving lasting fame with the General Expansion Plan, which was implemented after the war in Nieuw-West and other areas. As an adherent of the 'New Way of Building', he believed in social betterment through improved housing. Light, air, and space were key. This can still be clearly seen in Nieuw-West: spacious, airy homes and wide streets with many parks and green spaces.

Amsterdam grew rapidly after the Second World War, and in the 1940s and 50s the garden cities were constructed, with spacious, well-lit homes for the ordinary Amsterdammer. Cornelis van Eesteren was a proponent of this optimistic new style of building, complete with modern gadgets and appliances. Today the 1950s interior looks both vintage and astonishingly new at the same time.

We step inside the museum house in the Freek Oxstraat wearing special protective slippers. To our surprise, this flat has two storeys and four bedrooms. Everywhere we look are reminders of the 1950s. On a bright red wall in the living room hangs the indestructible, classic Tomado bookcase, which is full of books, Donald Duck comics, games to play beside the coal-fired stove, and a gramophone with vinyl records. Furniture of steel wire and rattan, a clean-lined sofa that can still be bought today: it is all simultaneously old and modern. The inevitable Philips radio – a sturdy wooden cabinet with large white dials – stands on a table in the corner. There is no television. 'In reality people often had old belongings after the war, such as heavy oak furniture and thick tablecloths', explains the guide.

Na de Tweede Wereldoorlog groeide Amsterdam snel, in de jaren veertig en vijftig verrezen de tuinsteden met ruime, lichte woningen voor de gewone Amsterdammer. Cornelis van Eesteren was voorvechter van deze optimistische, nieuwe bouwstijl vol moderne snufjes en apparaten. Anno nu ziet het vijftiger jaren interieur er verbluffend oud en nieuw tegelijk uit.

Op speciale 'museumoverschoenen' stappen we in de Freek Oxstraat de museumwoning binnen. Tot onze verrassing heeft deze flat twee verdiepingen en maar liefst vier slaapkamers. De hele inrichting ademt vijftiger jaren. Aan de knalrode muur in de woonkamer hangt het onverwoestbare Tomado-boekenrek. Dat staat vol boeken, Donald Ducks, spelletjes voor bij de kolenkachel en een pick-up (grammofoon) met singletjes van vinyl. Meubels van draadstaal en rotan, een superstrakke bank die nog steeds in de handel is: het is allemaal oud en modern tegelijk. In de hoek staat op een tafeltje de onvermijdelijke Philips-radio: een forse houten kast met grote witte knoppen. Televisie is er niet. 'In werkelijkheid hadden mensen na de oorlog vaak nog oude spullen, zoals zware eiken meubels en dikke tafelkleedjes', vertelt de gids. 'Deze moderne meubels raakten pas langzaam in de mode.'

Licht, lucht en ruimte

Via de hal, waar de enige telefoon hangt (van zwart bakeliet), gaan we naar
de eetkamer. De open wandkast aan de groen geverfde muur is gevuld met
pastelkleurig aardewerk: schaaltjes, melkbekers en het populaire pindas-
tel. Bij de eettafel hangt een prent van 'het ideale gezin': moeder schept
het eten op voor vader en kinderen. Koken deed deze ideale moeder in de
Bruynzeel keuken. Zo eentje met houten pannenrekken, gebroken witte
tegels en een granieten aanrecht. De pannenlappen zijn zelf gehaakt. Op
het fornuis prijkt de oude koekenpan uit onze jeugd. Een van onze mede-
bezoekers heeft hier als kind gewoond en herkent alles moeiteloos: zo was
het echt. 'We krijgen veel oud-buurtbewoners hier', vertelt de gids. 'Ze herkennen alles, maar zijn ook verbaasd over de veranderingen. Slotermeer is
nu een multiculturele buurt waar veel huizen een schotelantenne hebben.'

DE SLAAPVERDIEPING
De trap leidt ons naar de slaapverdieping beneden, waar de ouders in
een Auping-bed avant la lettre sliepen. Hun bedlampjes zijn twee Pinok-
kio-leeslampjes, op de verwarming (die van later tijd dateert) ligt een he-
renboxer te drogen en aan de muur hangt de 'nette' jurk met hoed van de
ideale moeder. Deze familie bezat ook twee andere favorieten uit die tijd:
een hoogtezon met brilletje, om bruin te worden, en een Philips-infra-
roodlamp, tegen spierpijn. Ook de badkamer ernaast is heel modern voor
die tijd; de meeste mensen hadden toen nog geen douche, geen warm
stromend water en geen toilet binnenshuis.

Een vleug jeugdsentiment en de geur van pas gewassen baby's overvalt ons
als we het overbekende, schattige blikje babytalkpoeder van Zwitsal zien. De
guitige peuter op de voorkant lacht nog net zo stralend als vijftig jaar geleden.

VAN EESTEREN PAVILJOEN
Het hart van het Van Eesteren Museum is een gloednieuw paviljoen aan
de Sloterplas, op de plek waar Van Eesteren zelf in 1939 al een paviljoen
had getekend. Het is beslist indrukwekkend: heel hoog, veel hout en glas,
licht en transparant vanbinnen, en donker vanbuiten.

Bezoeken aan de museumwoning beginnen in het paviljoen en duren
anderhalf uur, inclusief wandeling door het 'levend openluchtmuseum'.
De gids leidt de bezoekers langs huizen, plantsoenen, winkels en pleinen
die samen een hoogtepunt van naoorlogse architectuur vormen.

DINING ROOM AND KITCHEN

Via the hallway, where the only (black Bakelite) telephone hangs, we enter the dining room. The open cabinet on the green-painted wall is filled with pastel-coloured china: bowls, milk cups, and the popular 'peanut set'. By the dining table hangs a print of the 'ideal family': mother serves up the food for father and children. This ideal mother cooked in the Bruynzeel kitchen, with its wooden pan racks, off-white tiles, and granite work surface. The typical old Dutch frying pan stands proudly on the cooker. One of our fellow visitors lived here as a child, and recognises everything, assuring us this is how it really was. 'We get a lot of former residents of the neighbourhood', says the guide. 'They recognise everything, but they're also surprised by the changes. Slotermeer is now a multicultural neighbourhood, where a lot of houses have a satellite dish.'

THE BEDROOM

The stairs lead us down to the bedroom, where the parents slept in an Auping bed. Their bedside lamps are two 'Pinocchio' reading lamps. A pair of boxer shorts is drying on the radiator (which dates from a later time) and on the wall hangs the woman's 'best' dress and hat. This family also owned two other favourites of the time: a sunlamp with goggles for tanning and a Philips infrared lamp against aching muscles. The adjacent bathroom is also very modern for the time: most people didn't yet have a shower, hot running water, or an inside toilet.

VAN EESTEREN PAVILION

The heart of the Van Eesteren Museum is a brand-new pavilion on the Sloterplas, on the spot where Van Eesteren himself had designed a pavilion in 1939. It is certainly impressive – very tall, with plentiful wood and glass, light and transparent inside and dark outside.

A visit to the museum house begins in the pavilion and lasts for 90 minutes, including a walk through the 'living open-air museum'. The guide leads the visitors past houses, parks, shops, and squares that together form a highlight of post-war architecture.

STICHTING GOED WONEN

De museumwoning is ingericht volgens de principes van de Stichting Goed Wonen. Deze naoorlogse stichting wilde dat ieder gezinslid zich optimaal kon ontplooien in huis. De eikenhouten rookstoel en tafelkleden hadden afgedaan. Het was tijd voor ruime lichte huizen, praktische, strakke meubels zoals rotanstoelen, elektrische apparaten en gladde oppervlakken die de huisvrouw makkelijk kon schoonhouden. De Amsterdamse Stichting Goed Wonen (1946-1968) geloofde heilig dat dit de mens en samenleving zou verbeteren. En vooral: geen oorlog meer.

VERLANGLIJST

De museumwoning is bijna helemaal ingericht met spullen die zijn geschonken door buurtbewoners en geïnteresseerden. Toch zoekt het museum nog steeds voorwerpen uit de vijftiger jaren. Wie heeft er een strijkplank, een Tomado-rek of handdoeken met washandjes van vlak na de oorlog om te doneren? Kijk op de website hoe dit kan.

http://vaneesterenmuseum.nl/nl/het-museum/museumwoning

'GOOD LIVING FOUNDATION'

The museum house is fitted out according to the principles of the Stichting Goed Wonen ('Good Living Foundation'). This post-war foundation wanted each family member to be able to develop their potential to the fullest within the home. Heavy wooden furniture and thick tablecloths were a thing of the past – it was time for spacious, airy houses, practical furniture with clean lines, modern electrical appliances, and smooth surfaces that a housewife could easily keep clean. The Amsterdam Good Living Foundation (1946–1968) firmly believed that this would improve both the daily lives of individuals and society as a whole. And, as a result, help prevent another war.

WISH LIST

The museum house is almost completely furnished with items that have been donated by neighbourhood residents and museum supporters. Nevertheless, the museum is still looking for objects from the 1950s. Maybe you've got something to donate? Take a look at the museum's website for its wish list:

vaneesterenmuseum.nl/en/home-en/#

WOONBOOTMUSEUM AMSTERDAM

📍 *Prinsengracht 296 K (bij Elandsgracht)*
📞 *020-427 07 50*
🕐 *10.00-17.00 uur, dinsdag t/m zondag;*
  in juli en augustus ook
  op maandag geopend
€ *Entree volwassenen: €4,50*
➤ *www.houseboatmuseum.nl*

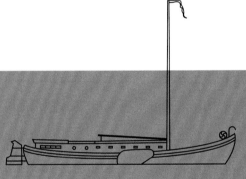

📍 *Prinsengracht 296 K*
  (at the end of Elandsgracht)
📞 *+31 (0)20-427 07 50*
🕐 *10 AM to 5 PM, Tuesday to Sunday,*
  also open on Mondays in
  July and August
€ *Entrance for adults: €4,50*
➤ *www.houseboatmuseum.nl*

HOUSEBOAT MUSEUM AMSTERDAM

WONEN
IN DE GRACHT

DE BOOT

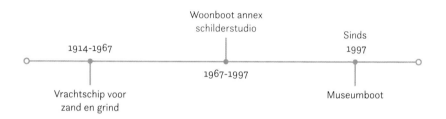

Woonboot annex
schilderstudio

1914-1967   Sinds
1997

1967-1997

Vrachtschip voor
zand en grind

Museumboot

LIFE
ON THE CANAL

THE SHIP

Houseboat and
painter's studio

1914-1967   Since
1997

1967-1997

Cargo ship for
sand and gravel

Museum boat

Ruim vijftig jaar lang vervoerde vrachtschip Hendrika Maria zand en grind over de Nederlandse wateren, voordat ze haar nieuwe leven als woonboot begon in 1967. In het vooronder is nog een klein stukje gebleven zoals het in 1914 was. Bij de metamorfose van de Hendrika Maria tot woonboot, bleef het historische uiterlijk van het schip is bewaard.

Wandelend langs de grachten vraagt bijna iedereen zich weleens af hoe het zou zijn om op een van de vele woonboten te wonen. Romantisch en gezellig, of eenzaam en koud in de winter? Ontdek het zelf aan boord van woonbootmuseum de Hendrika Maria.

Vijf treden op het achterdek geven toegang tot het ruim van de Hendrika Maria. Schotten verdelen nu het vroegere vrachtruim in een keuken, een comfortabele woonkamer, twee slaapkamers en een badkamer. Alles bij elkaar een woonruimte van 23 bij 4,5 meter.

We belanden als eerste in de oude keuken en komen direct in de juiste sfeer als we een groen pruttelkoffiestel (met blikje Buisman) ontdekken. Naast de potkachel staat een ouderwetse kolenkit en de pannen zijn van

For over fifty years the cargo ship Hendrika Maria transported sand and gravel over the Dutch waters, before she began her new life as a houseboat in 1967. In the fore cabin a small part remains from the original 1914 layout. The historical appearance of the Hendrika Maria was preserved through its transformation into a houseboat.

Walking alongside the canals, almost everyone wonders what it would be like to live on one of the many houseboats. Romantic and cosy, or lonely and cold in the winter? Find out for yourself on board the Hendrika Maria houseboat museum.

Five steps on the aft deck lead to the hold of the Hendrika Maria. Bulkheads now divide the former cargo hold into a kitchen, a comfortable living room, two bedrooms, and a bathroom. Taken together they form a living space of 23 by 4.5 metres.

We enter the old kitchen and immediately feel the authentic atmosphere when we discover a green coffee percolator (with a Buisman coffee tin). Next to the pot-bellied stove is an old-fashioned coal scuttle, and the

pans are made of the well-known green enamel. To one side, in the cabin under the aft deck of the ship, a sleeping space has been created for two children. Much more exciting than an IKEA bunk bed!

'No, it's not cold in the winter!'

BOX-BED AND LUDO

A little further on we come to the living room, furnished as it used to be in grandma's house, with the familiar thick tablecloths, brown wooden armchairs, a worn Ludo game and a Philips radio with its cloth grill. It's not roomy here, but it is cosy, largely thanks to the welcoming wood-burning stove. Here a museum employee answers the familiar question – 'Isn't it cold, living on a houseboat?' – with a decisive 'No, a well-insulated houseboat is easy to heat.'

At the front of the boat is the parents' sleeping area, a comfortable pale, yellow painted berth (box-bed) on the port side with a bathroom. A fine collection of model boats, including houseboats, lines the walls.

Right in front, among old ships' ropes and lanterns, we find the remains of the original berth behind glass. A hundred years ago the skipper slept here when he plied the Dutch waters aboard the Hendrika Maria.

MORE HOUSEBOATS

You can find inspiration for a fine walk through the city centre past houseboats, 'arks', 'ship-arks', the Catboat, the fresh water barge, the Donald Duck boat, and many more floating wonders from the magical and unknown world of the houseboat at:

www.houseboatmuseum.nl/Wandelen-langs-Woonboten.pdf

het bekende groene email. Opzij, in de roef onder het achterdek van het schip, is slaapruimte gemaakt voor twee kinderen. Veel spannender dan een Ikea-stapelbed.

'Nee, in de winter is het niet koud!'

BEDSTEE EN MENS-ERGER-JE-NIET

Even verderop komen we in de woonkamer, ook al helemaal ingericht zoals vroeger bij oma thuis, met de bekende dikke tafelkleedjes, bruine houten leunstoelen, een versleten mens-erger-je-niet-spel en een Philipsradio met zo'n linnen frontje. Het is er niet groot, maar wel knus, vooral dankzij de gezellige houtkachel. Een museummedewerker beantwoordt hier de bekende vraag: 'Is het niet koud, wonen op een woonboot?', met een beslist: 'Nee, een goed geïsoleerde woonboot stook je makkelijk warm.'

Voorin de boot is de slaapplaats van de ouders, een gerieflijke zachtgeel geschilderde kooi (bedstee) aan bakboordzijde met een badkamer. De botenliefhebber vindt hier langs de wanden een mooie collectie model(woon)boten uitgestald.

Helemaal voorin, tussen oude scheepstouwen en lantaarns, vinden we achter glas de restanten van de originele kooi. Daar sliep honderd jaar geleden de vrachtschipper toen hij met de Hendrika Maria de Nederlandse wateren bevoer.

MEER WOONBOTEN

Een leuke wandeling door het centrum langs woonboten, arken, scharken, de Poezenboot, de Verschwaterhaalder, de Donald Duck-boot en nog veel meer drijvend moois uit die magische en onbekende wereld van de woonboot vind je op: www.houseboatmuseum.nl/Wandelen-langs-Woonboten.pdf

MERCI
Thijs Boers, Amsterdam Museum
Johan Boskamp & Harriët Verbeek
Auke Bouwman
Abelike Janssens
Els Kalkman
Esmee Lim, vormgever
Henk Steenhuis
Corien Unger
Jacqueline van Vollenhoven

FOTOCREDITS
Anne Frank Huis: fotocollectie Anne Frank
   Stichting
Black Heritage: Wikimedia Commons
Kleine Weeshuis: Fotocollectie Amsterdam
   Museum; Caro Bonink; Joell Frijhoff
Bartolotti Huis: Arjan Bronkhorst; Rijksmuseum
Van Brienen Huis: Otto Kalkhoven; Margreet
   Nijman; RCE Beeldbank
Gisèle d'Ailly Huis: Simon Bosch: Arend Velsink;
   collectie Huis van Gisèle; Anefo; Nationaal
   Archief
Het Grachtenhuis: Lonneke Stulen; Thijs Wolzak;
   Merijn Soeters; Roger Cremers; fotocollectie
   museum
Kattenkabinet: Johan Bosveld; fotocollectie
   museum; RCE Beeldbank
Amsterdamse School Museum Het Schip:
   Jan Reinier van der Vliet; Alf van Beem;
   Rijksmuseum; Stadsarchief Amsterdam
Mulisch Huis: Matthijs van Schuppen
Multatuli Huis: arjunalistened, fotocollectie museum
Museum Ons' Lieve Heer op Solder: Arjan
   Bronkhorst
Rijksmuseum Poppenhuizen; fotocollectie
   Rijksmuseum
Theo Thijssen Museum: Johan Bosveld;
   fotocollectie museum
Arbeiderswoning in Tuindorp Oostzaan:
   fotoarchief HATO
Van Eesteren Museum: Thomas Heere, Adelheid
   Vermaat, Alf van Beem
Museum Van Loon: fotocollectie museum; Peter
   Kooijman
Villa Volten: fotocollectie Villa Volten
Museum Willet-Holthuysen: fotocollectie
   Amsterdam Museum
Het Witsenhuis: Beeldbank RCE; Rijksmuseum
Woonbootmuseum Amsterdam: fotocollectie
   museum

Aangevuld met eigen foto's / Supplemented by
own photos Froukje Wattel; Wikimedia Commons;
Flickr; Shutterstock; AdobeStock.

COLOFON/CREDITS
Uitgave/*Publishing*
Waanders Uitgevers, Zwolle

Auteur/*Author*
Froukje Wattel

Redactie/*Editing*
Loes Visch

Vertaling/*Translation*
Laurence Ranson

Eindredactie Engels/*Editing English*
Diana Perry Schnelle

Ontwerp/*Design*
Bart van den Tooren (BVDT)

Lithografie/*Lithography*
Benno Slijkhuis, Wilco Art Books

Druk/*Printing*
Wilco Art Books, Amersfoort

Omslag/*Cover* – © Ralf Punkenhofer /
Shutterstock
Foto burgemeester Halsema – ANP

© 2022 WAANDERS UITGEVERS B.V.,
ZWOLLE / FROUKJE WATTEL

ISBN 978 94 6262 237 1
NUR 643

WWW.WAANDERS.NL

* De collectie Six is op uitdrukkelijk eigen
   verzoek niet in dit boek opgenomen /
* *The Six Collection was not included at their*
   own explicit request.
* Meer huismusea in Nederland en daarbuiten,
   zie: www.museumclub.nl /
* *See www.museumclub.nl for more historic*
   houses in The Netherlands and around
   the world